Driebanden biljart: Biljartbanden eerste patronen

Van professionele kampioentoernooien

Vergelijk jezelf met professionele speler

Allan P. Sand
PBIA Gecertificeerde biljartinstructeur

ISBN 978-1-62505-264-3
PRINT 7x10

ISBN 978-1-62505-407-4
PRINT 8.5x11

First edition

Published by Billiard Gods Productions.

Santa Clara, CA 95051

U.S.A.

For the latest information about books and videos, go to: http://www.billiardgods.com

Acknowledgements

Wei Chao created the software that was used to create these graphics.

Inhoudsopgave

Other books by the author …

3 Cushion Billiards Championship Shots (a series)
Carom Billiards: Some Riddles & Puzzles
Carom Billiards: MORE Riddles & Puzzles
Why Pool Hustlers Win
Table Map Library
Safety Toolbox
Cue Ball Control Cheat Sheets
Advanced Cue Ball Control Self-Testing Program
Drills & Exercises for Pool & Pocket Billiards
The Art of War versus The Art of Pool
The Psychology of Losing – Tricks, Traps & Sharks
The Art of Team Coaching
The Art of Personal Competition
The Art of Politics & Campaigning
The Art of Marketing & Promotion
Kitchen God's Guide for Single Guys

Invoering

Dit is een van de driebanden biljart die laten zien hoe professionele spelers beslissingen nemen, gebaseerd op de tafelindeling. Al deze tabelconfiguraties zijn afkomstig van internationale wedstrijden.

Deze tabelconfiguraties plaatsen je in het hoofd van de speler, te beginnen met de balposities (weergegeven in de eerste tabel). De indeling van de tweede tabel laat zien wat de speler heeft besloten te doen.

Over de tabelconfiguraties

Elke configuratie heeft twee tabelconfiguraties. De eerste tafel is de balposities. De tweede tafel is hoe de ballen op de tafel bewegen.

Dit zijn de drie ballen op tafel:

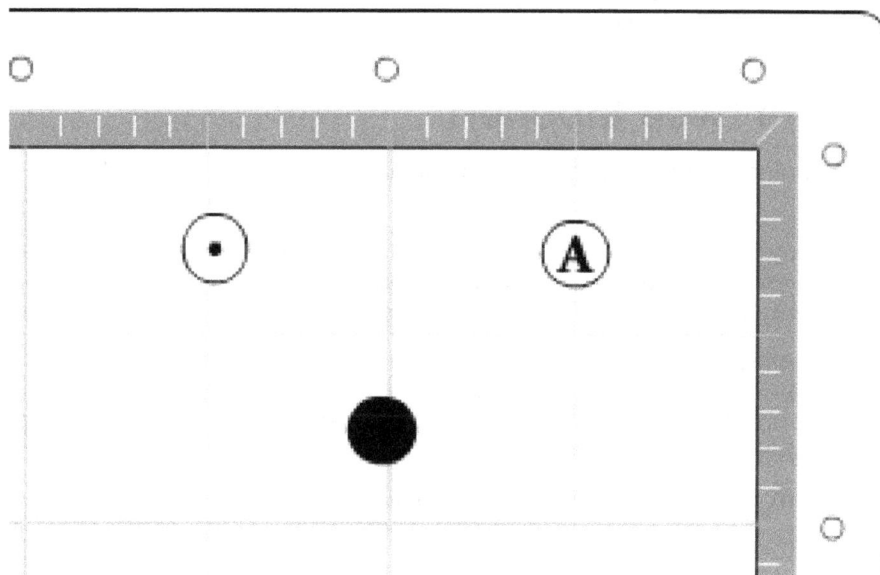

(A) (CB) (uw biljartbal)

(•) (OB) (tegenstander biljartbal)

● (OB) (rode biljartbal)

Tabel opstelling instructies

Gebruik papierbandringen om de balposities te markeren (koop bij een kantoorwinkel).

Plaats een munt op elk biljartbanden dat de (CB) zal aanraken.

Vergelijk uw (CB) pad met de configuratie van de tweede tabel. Om te leren, hebt u mogelijk meerdere pogingen nodig. Stel na elke fout een aanpassing in en probeer het opnieuw totdat je succesvol bent.

Doel van de twee tabellen

Deze tabelconfiguraties zijn bedoeld voor twee doeleinden.

- Uw analyse - thuis kunt u overwegen hoe de configuratie in de eerste tabel moet worden afgespeeld. Vergelijk uw ideeën met het werkelijke patroon op de tweede tafel. Denk aan uw oplossing en overweeg opties. Vanuit de tweede tabel kunt u ook analyseren hoe u het patroon moet volgen. Speel de opstelling mentaal af en beslis hoe je succesvol kunt zijn.

- Oefen de tafelconfiguratie - plaats de ballen op hun plaats, volgens de eerste tabelconfiguratie. Probeer het tweede tabelpatroon te dupliceren. Je hebt misschien veel pogingen nodig voordat je de juiste manier vindt om te spelen. Dit is hoe je deze opstellingen kunt leren en spelen tijdens competities en toernooien.

De combinatie van mentale analyse en praktische oefening zal je een slimmere speler maken.

A: 1 biljartbanden eerst

De (CB) gaat in een biljartbanden en vervolgens in de eerste (OB). De (CB) neemt vervolgens contact op met twee (of meer) biljartbanden en vervolgens met de tweede (OB).

(A) (CB) (uw biljartbal) – ⊙ (OB) (tegenstander biljartbal) – ⬤ (OB) (rode biljartbal)

A: Groep 1

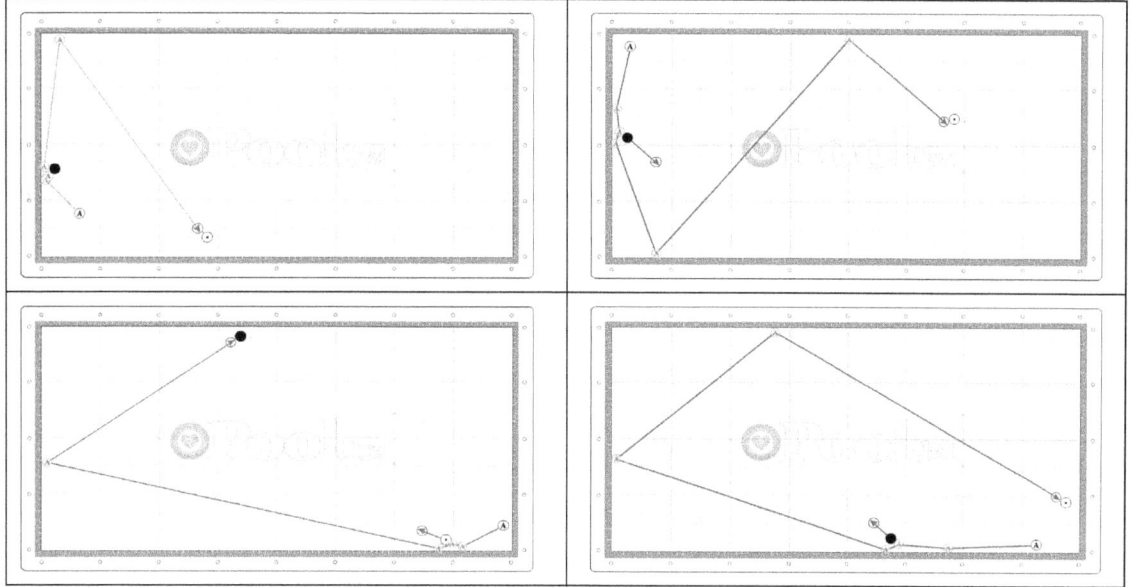

Analyse:

A:1a. _____

A:1b. _____

A:1c. _____

A:1d. _____

A:1a – Opstelling

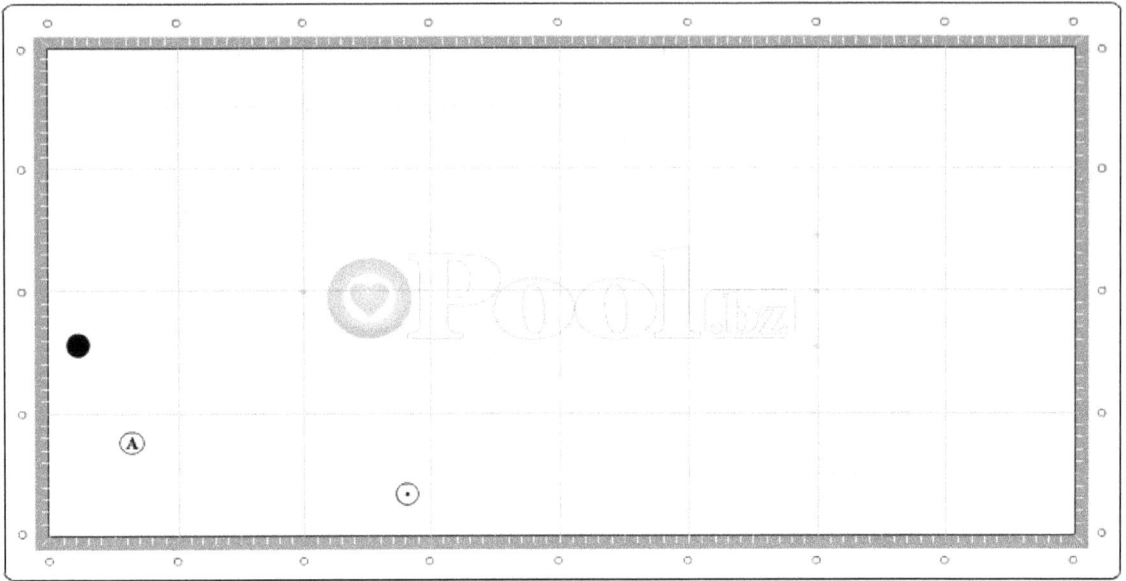

Opmerkingen en ideeën:

Schotpatroon

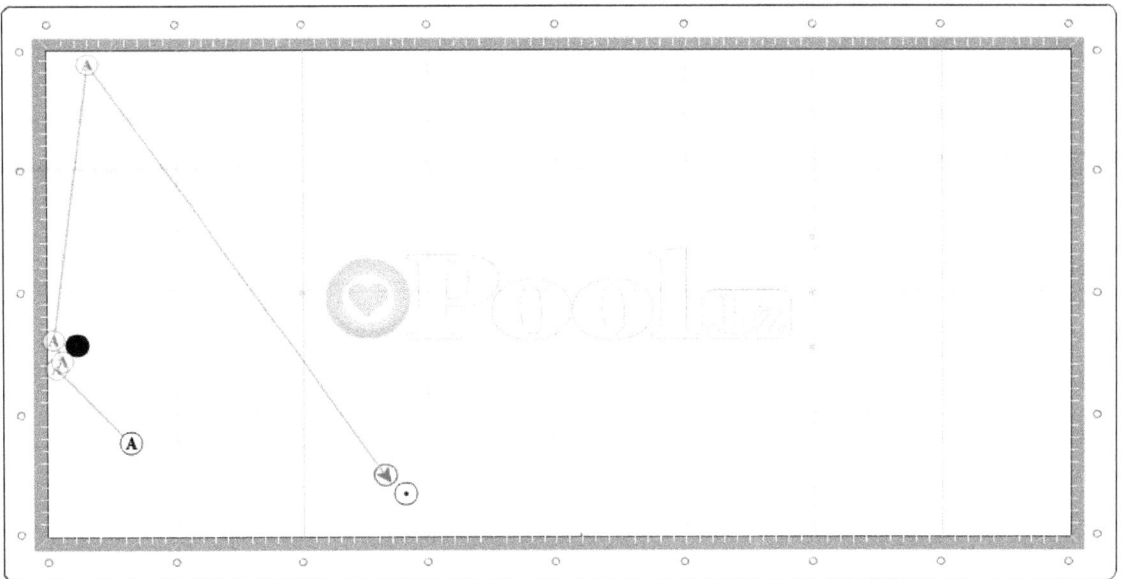

A:1b – Opstelling

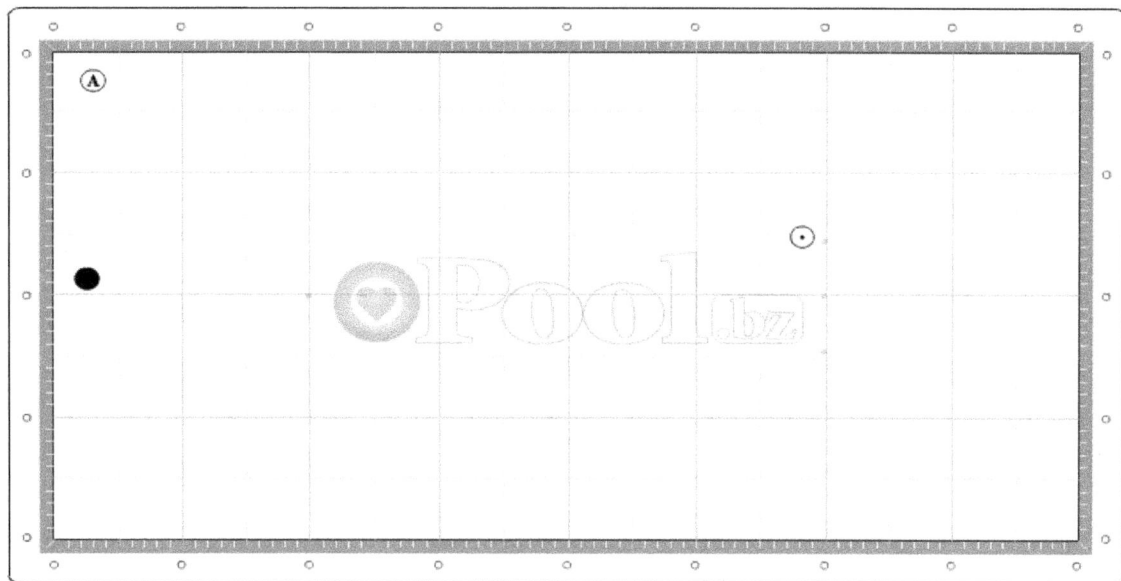

Opmerkingen en ideeën:

Schotpatroon

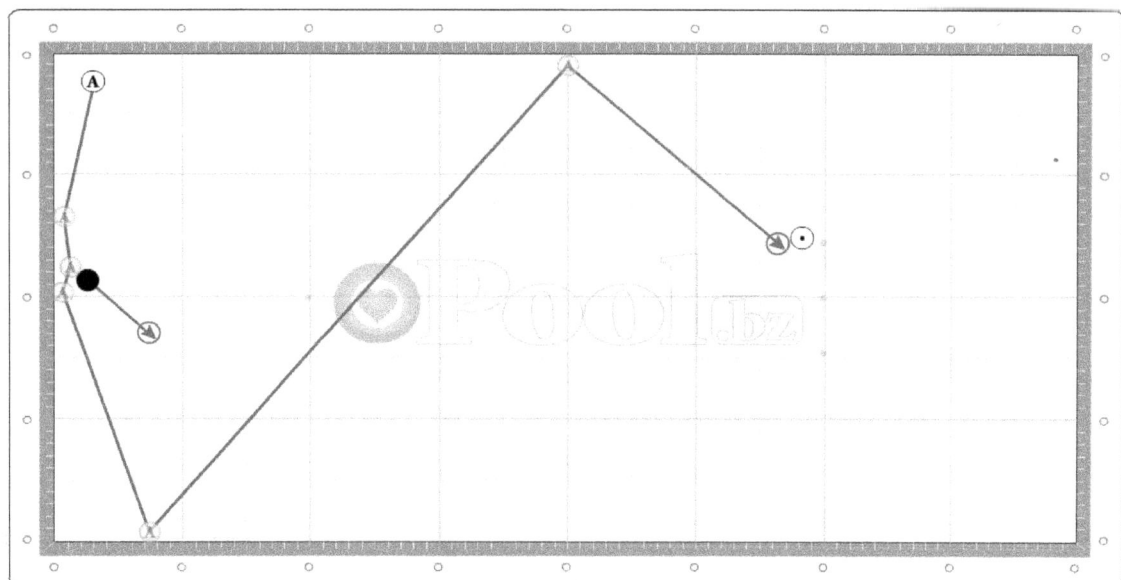

A:1c – Opstelling

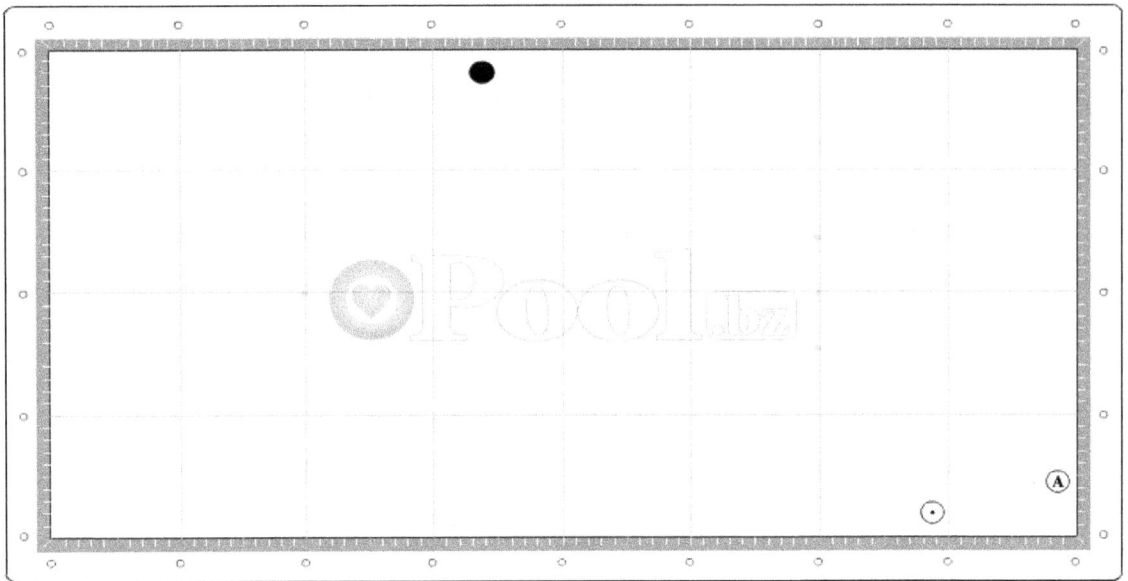

Opmerkingen en ideeën:

Schotpatroon

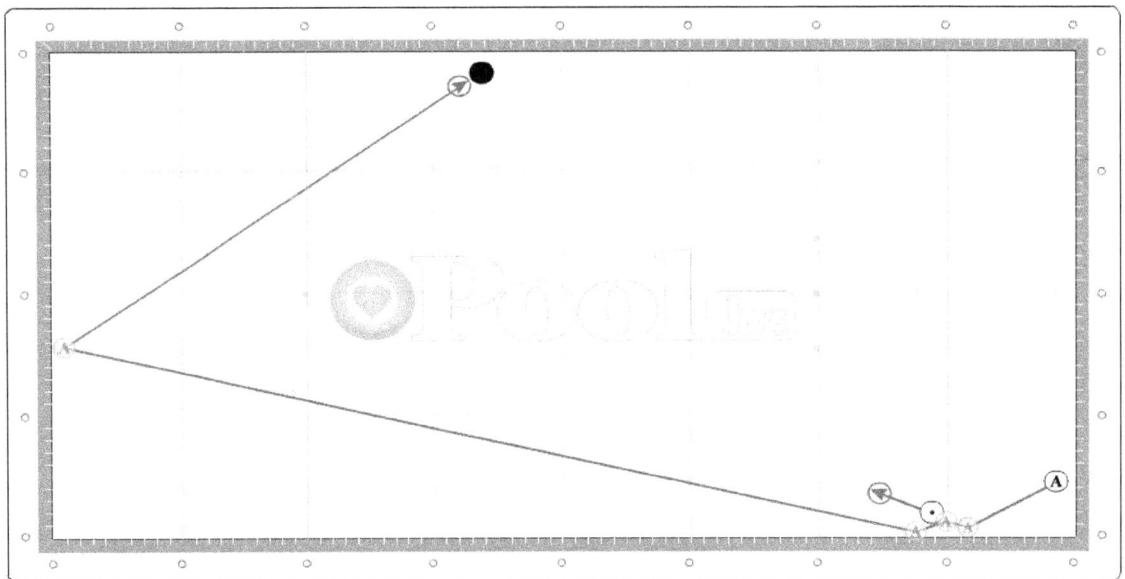

A:1d – Opstelling

Opmerkingen en ideeën:

Schotpatroon

A: Groep 2

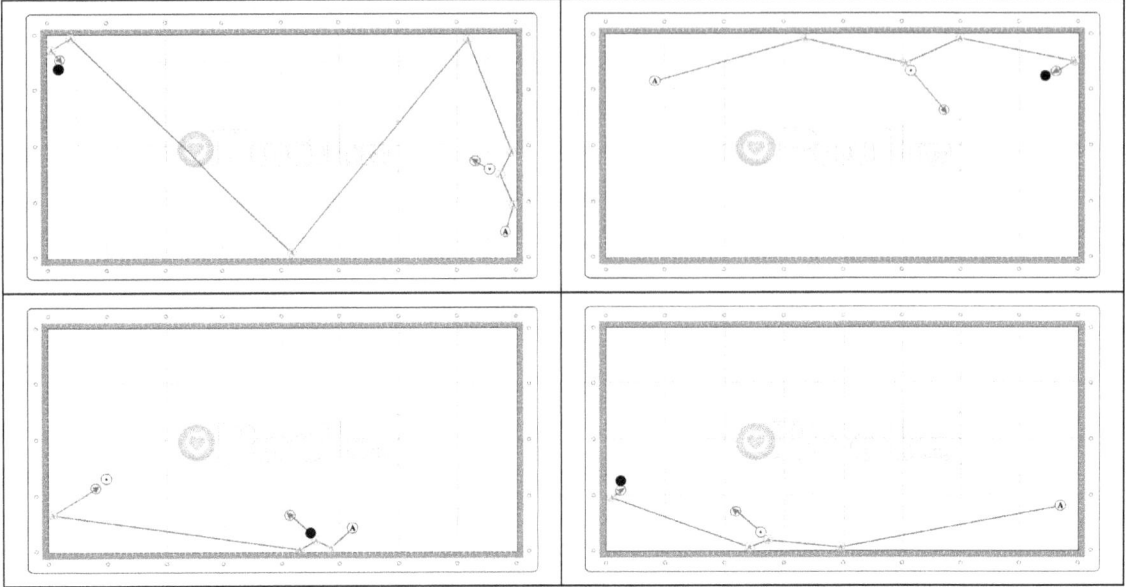

Analyse:

A:2a. _____

A:2b. _____

A:2c. _____

A:2d. _____

A:2a – Opstelling

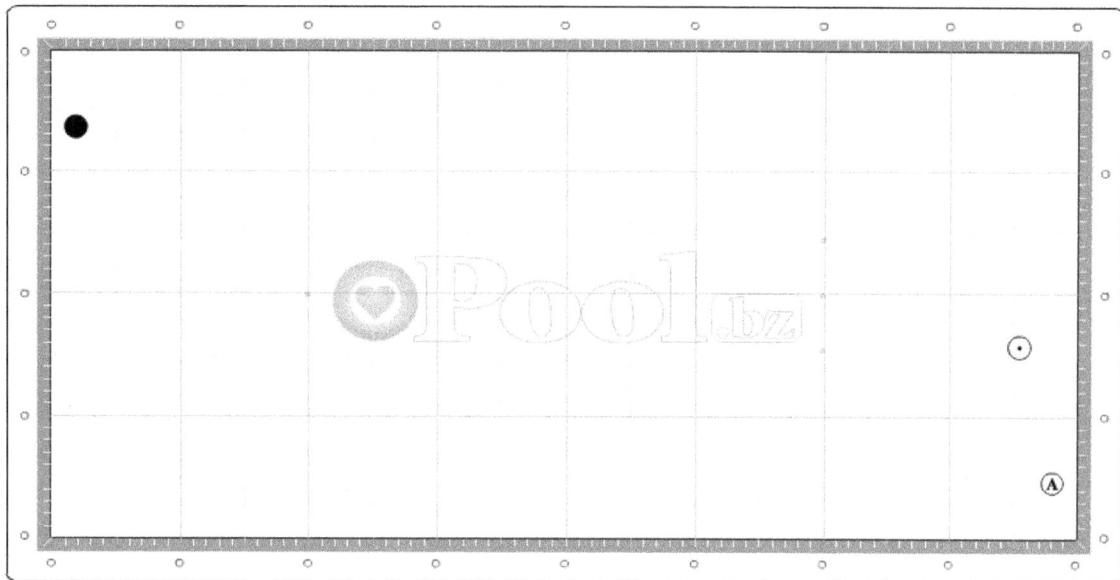

Opmerkingen en ideeën:

Schotpatroon

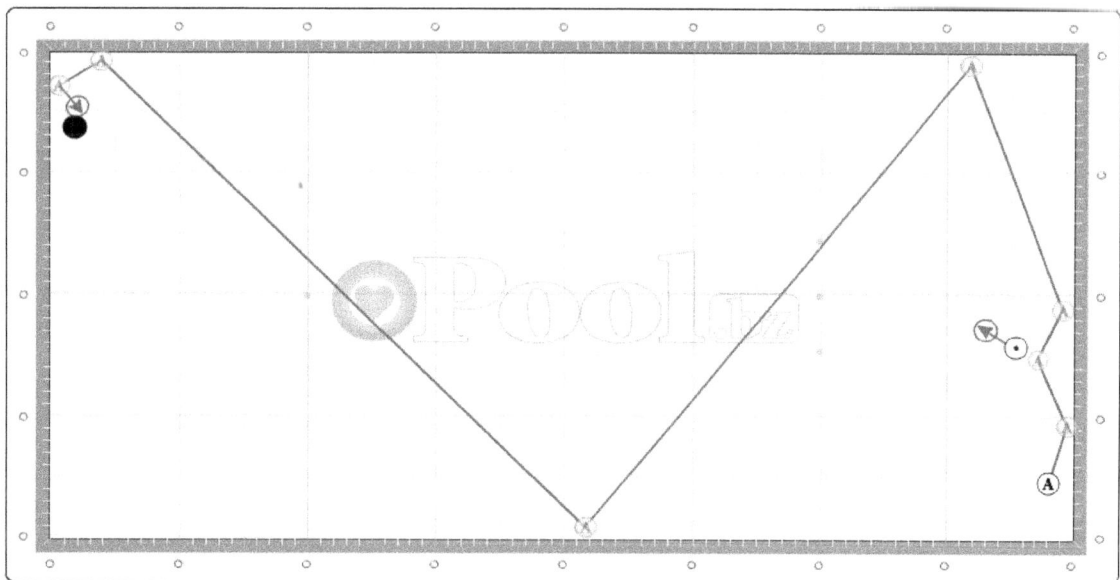

A:2b – Opstelling

Opmerkingen en ideeën:

Schotpatroon

A:2c – Opstelling

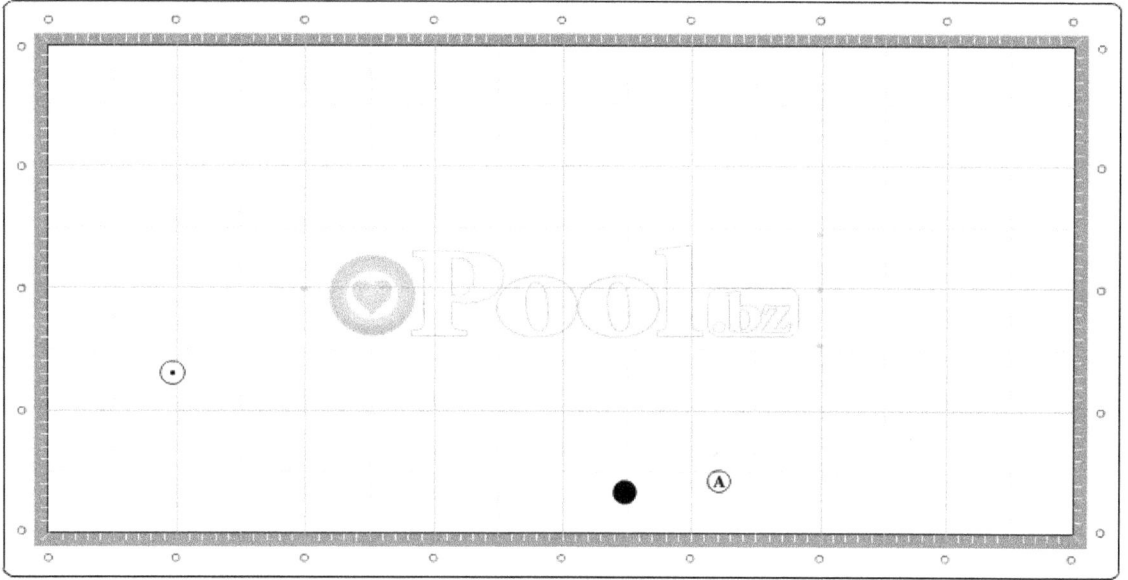

Opmerkingen en ideeën:

Schotpatroon

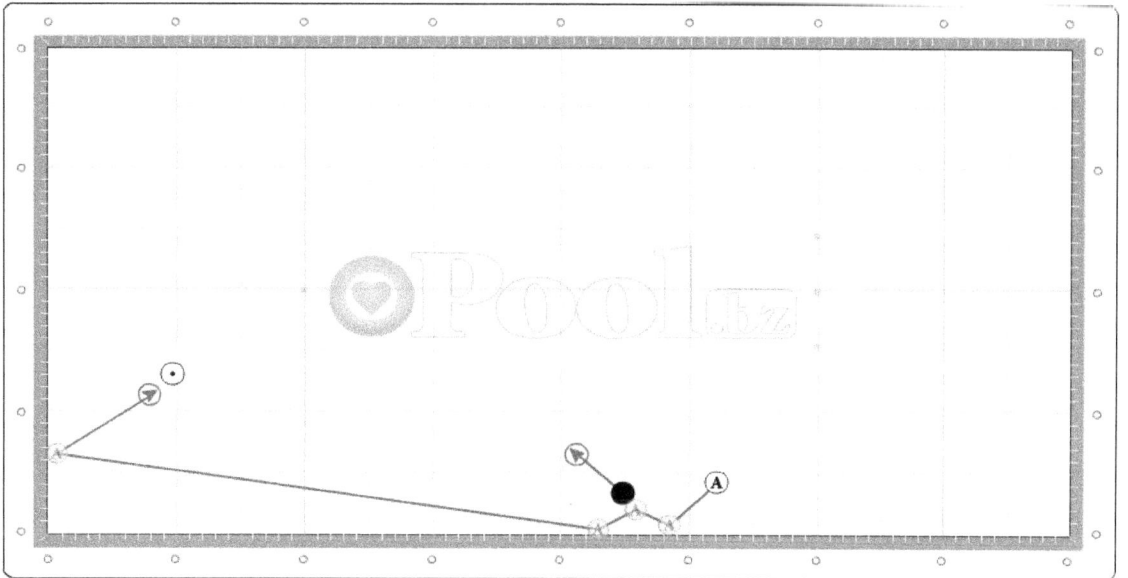

A:2d – Opstelling

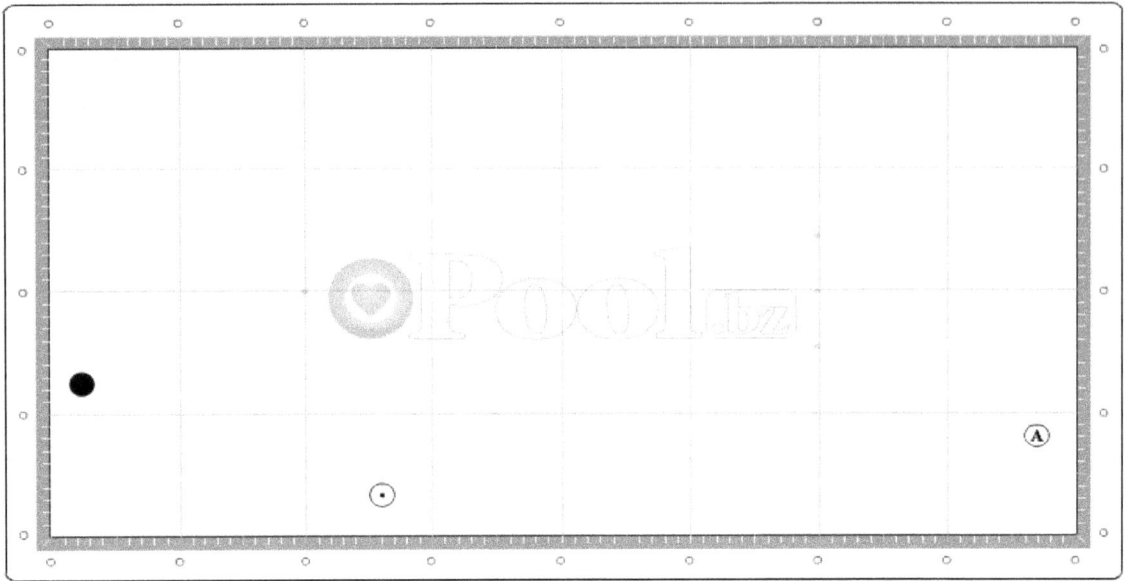

Opmerkingen en ideeën:

Schotpatroon

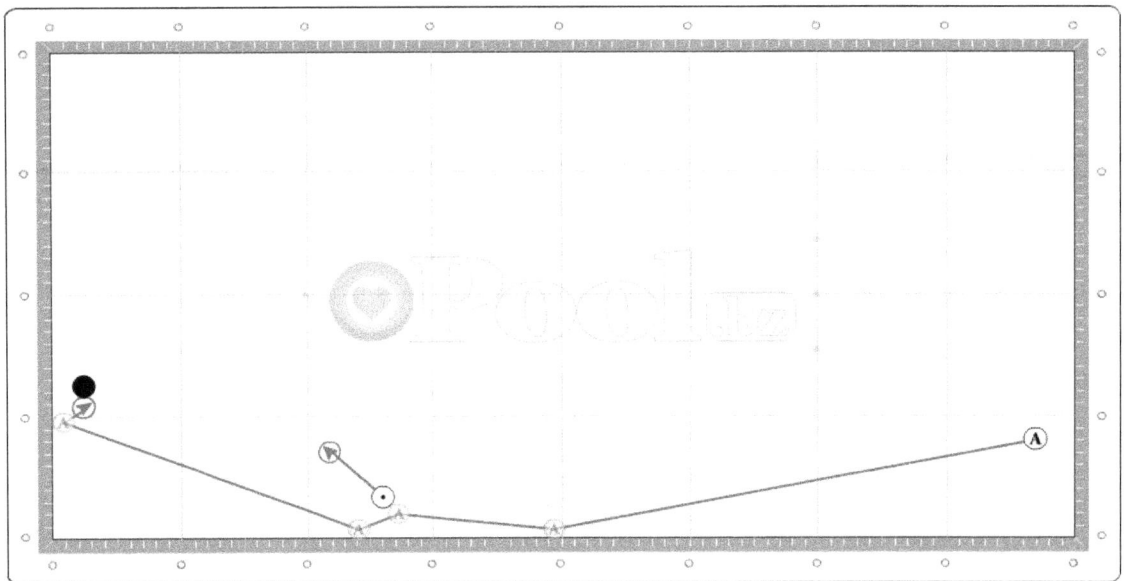

A: Groep 3

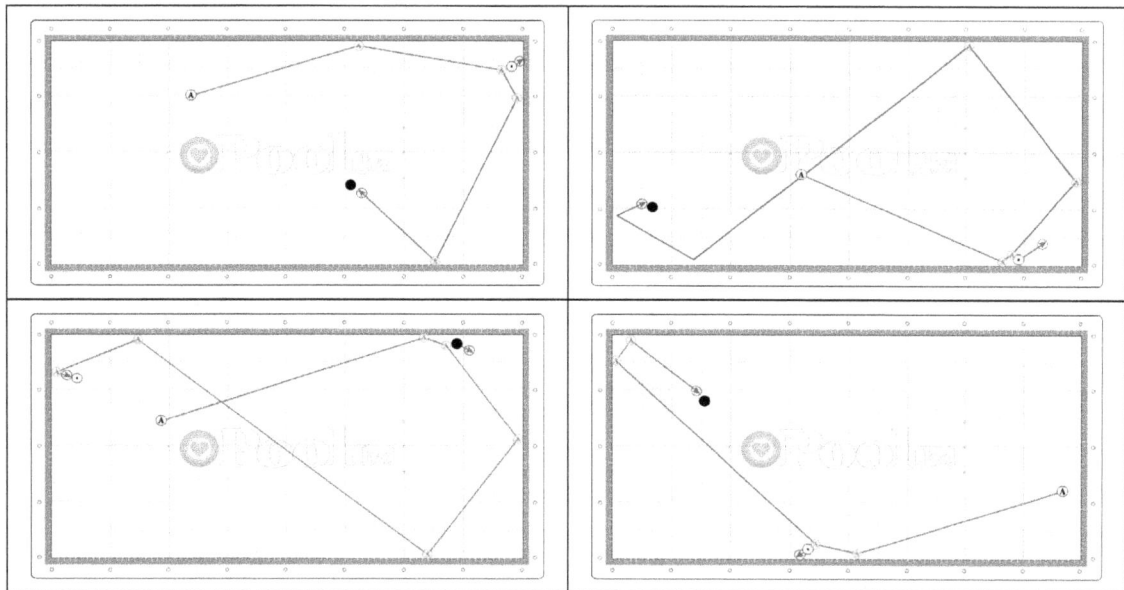

Analyse:

A:3a. _____

A:3b. _____

A:3c. _____

A:3d. _____

A:3a – Opstelling

Opmerkingen en ideeën:

Schotpatroon

A:3b – Opstelling

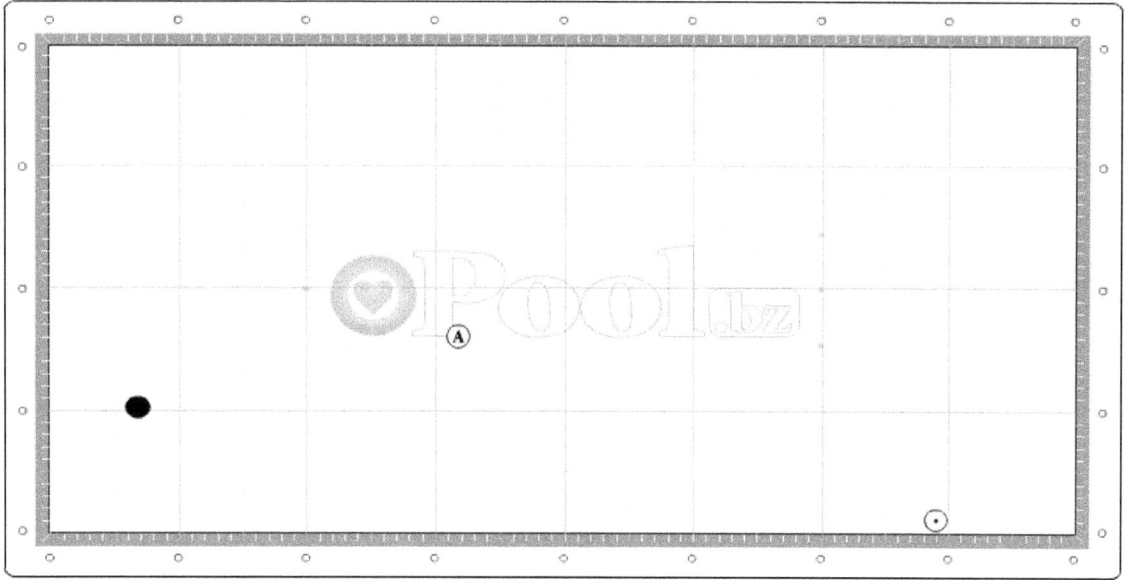

Opmerkingen en ideeën:

Schotpatroon

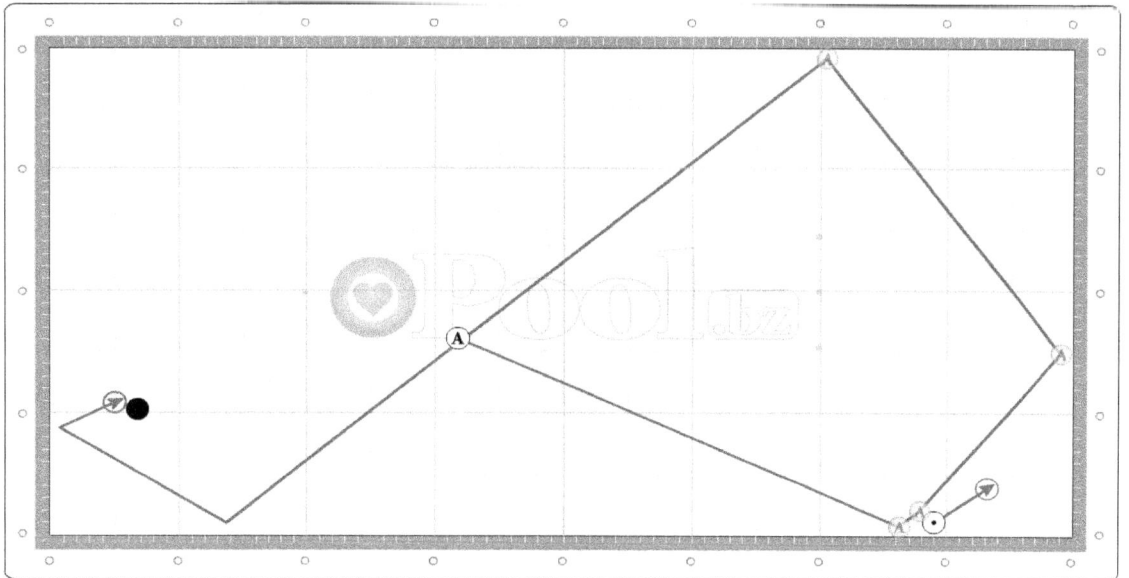

A:3c – Opstelling

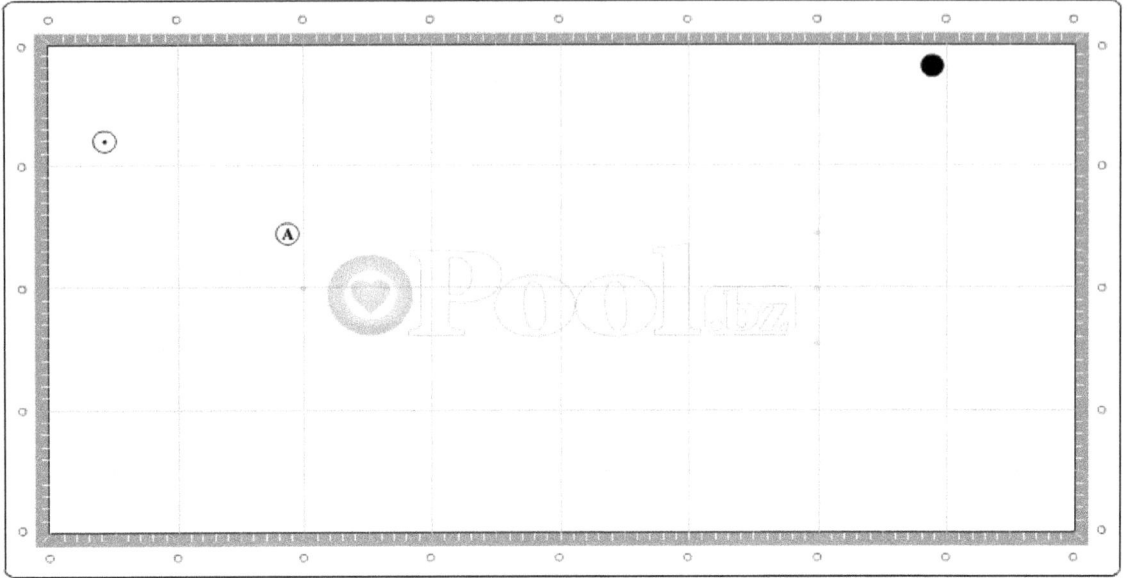

Opmerkingen en ideeën:

Schotpatroon

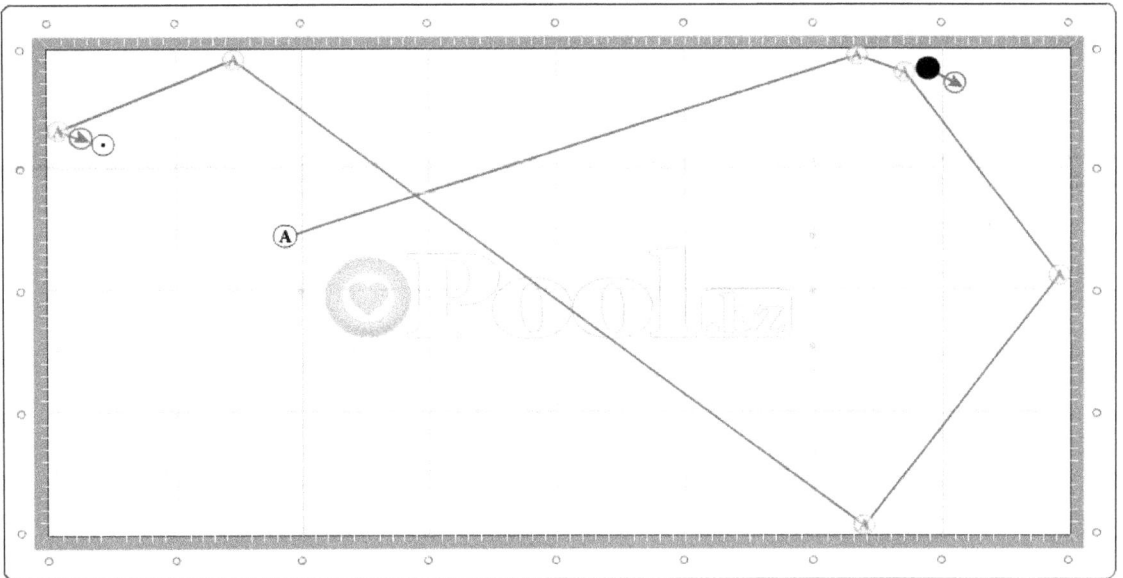

A:3d – Opstelling

Opmerkingen en ideeën:

Schotpatroon

A: Groep 4

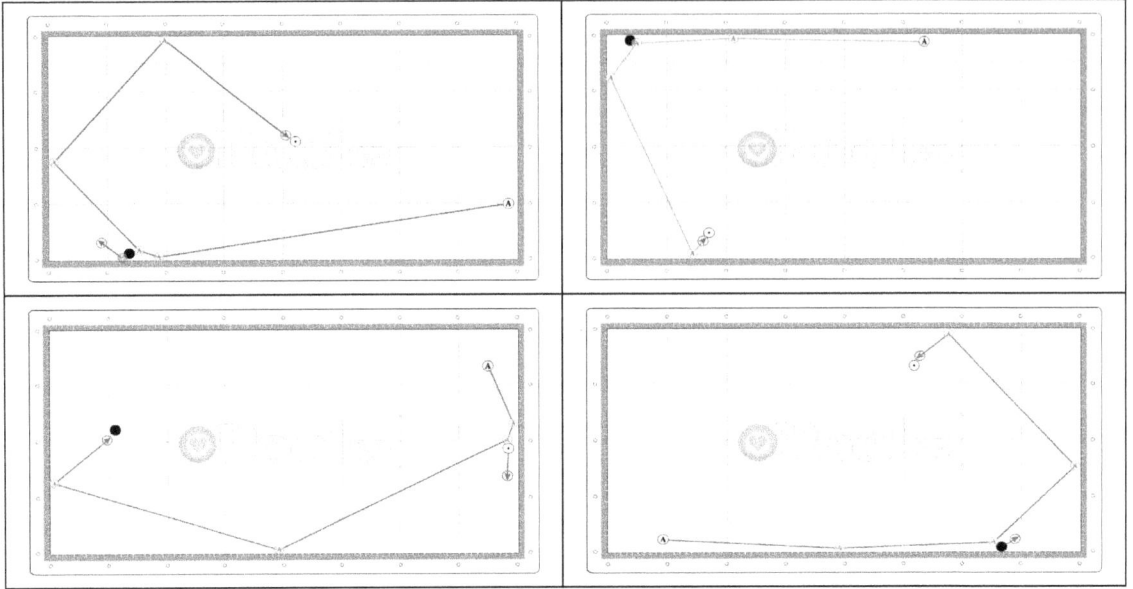

Analyse:

A:4a. _____

A:4b. _____

A:4c. _____

A:4d. _____

A:4a – Opstelling

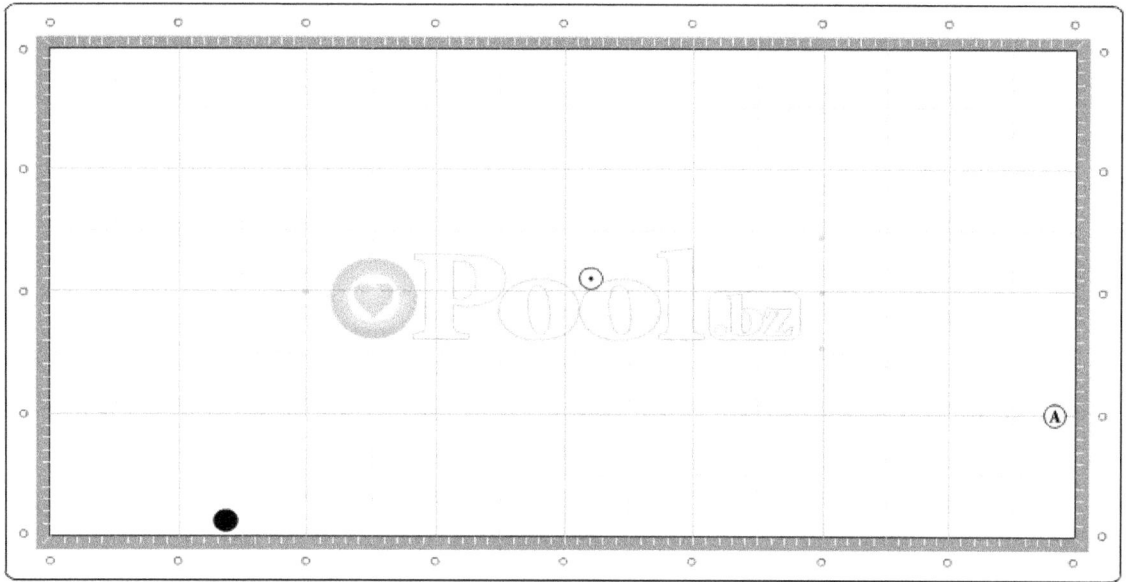

Opmerkingen en ideeën:

Schotpatroon

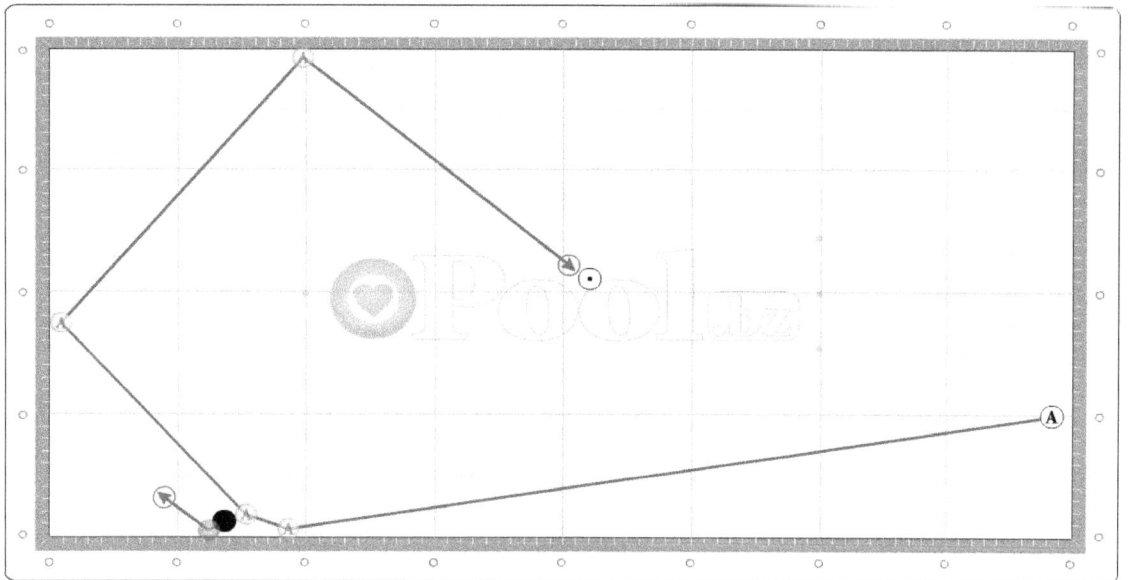

A:4b – Opstelling

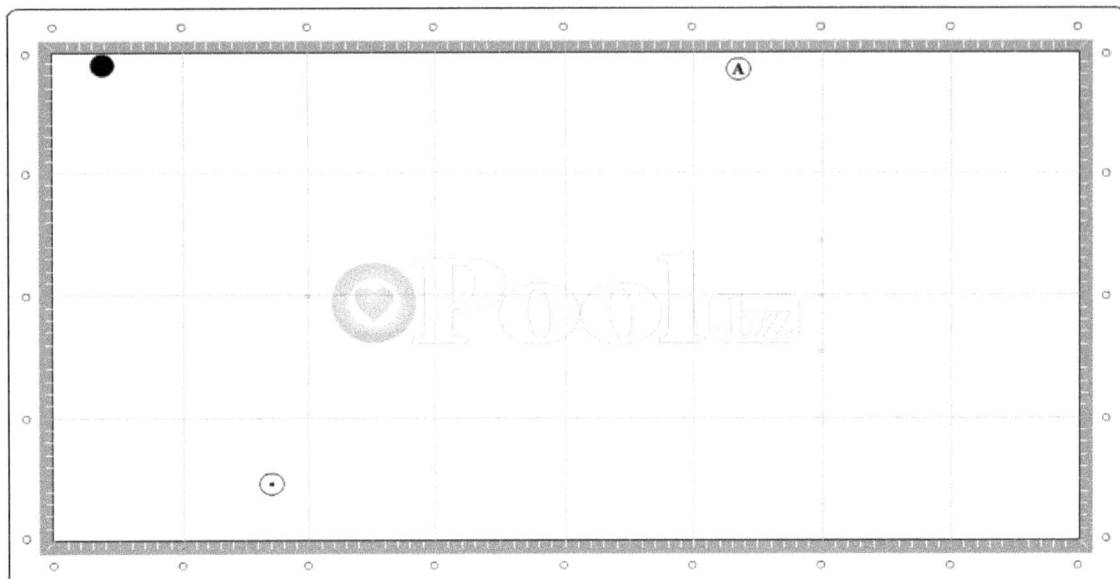

Opmerkingen en ideeën:

Schotpatroon

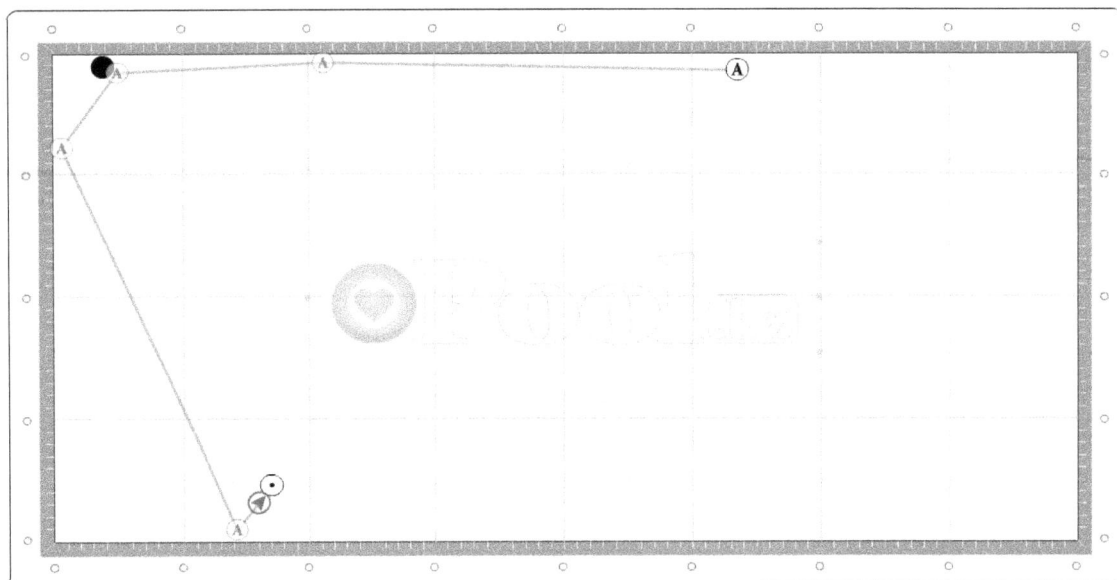

A:4c – Opstelling

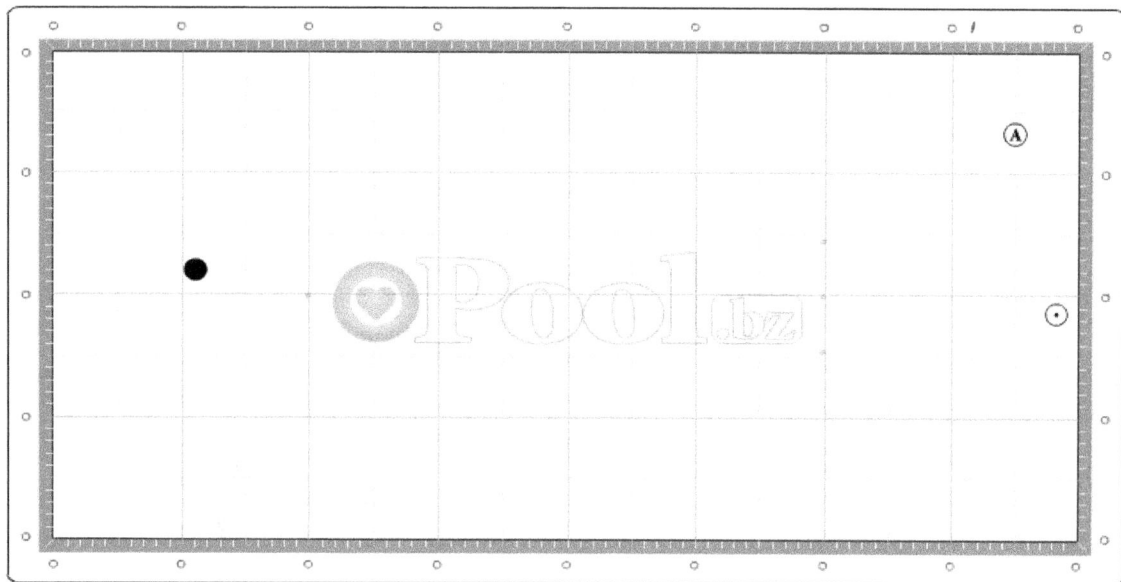

Opmerkingen en ideeën:

Schotpatroon

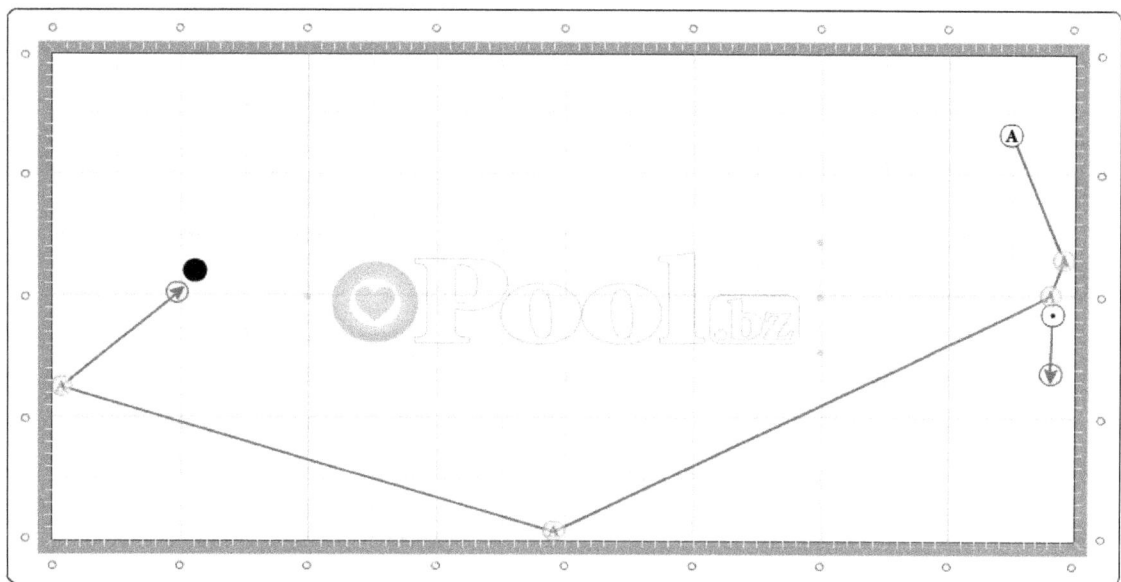

A:4d – Opstelling

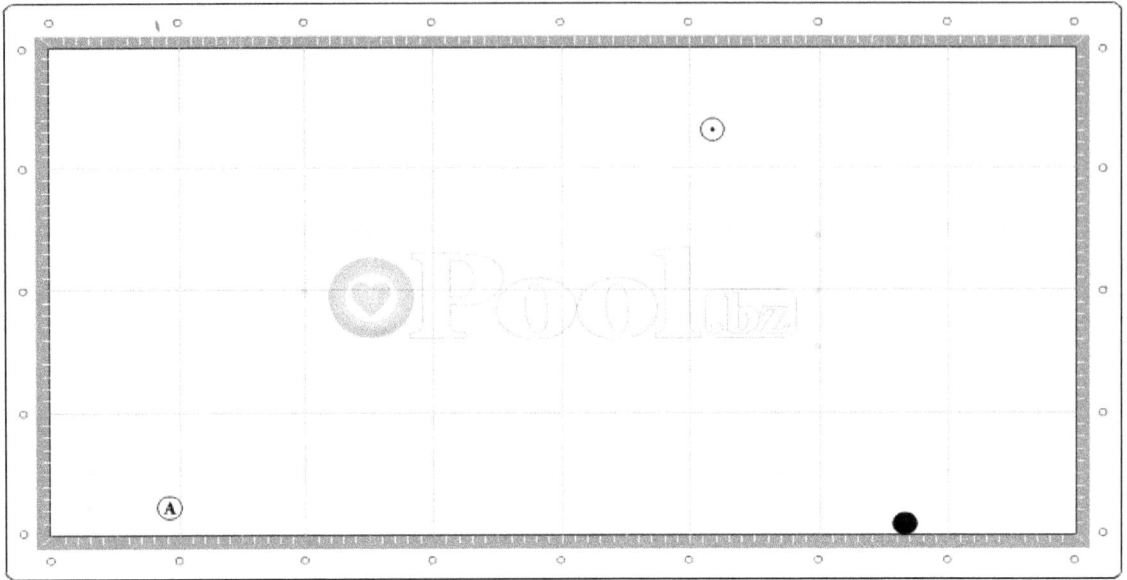

Opmerkingen en ideeën:

Schotpatroon

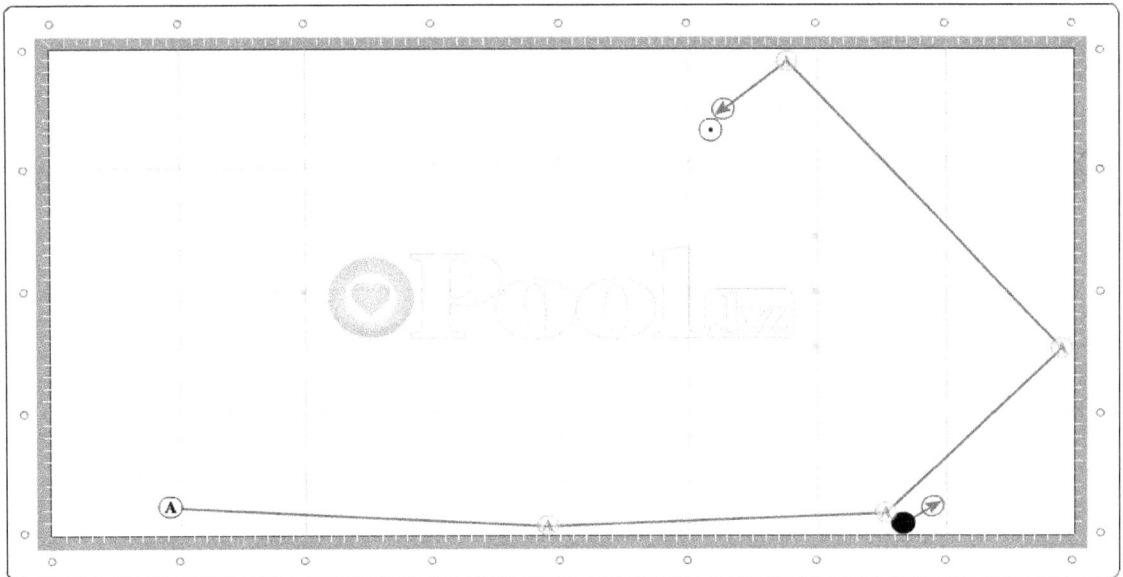

B: 1 biljartbandenin een hoek

De (CB) neemt eerst contact op met de ene kant van de tafel en neemt vervolgens contact op met de eerste (OB). De (CB) gaat dan in de hoek voor nog twee biljartbanden. Wanneer de (CB) uit de hoek komt om contact te maken met de tweede (OB) voor de score.

(A) (CB) (uw biljartbal) – ⊙ (OB) (tegenstander biljartbal) – ⬤ (OB) (rode biljartbal)

B: Groep 1

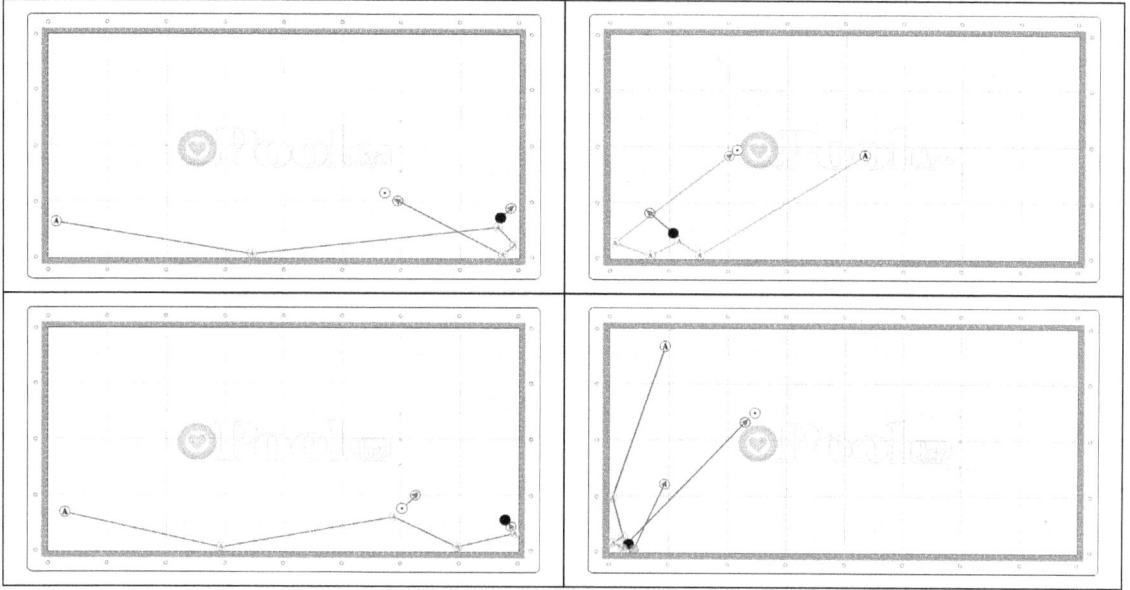

Analyse:

B:1a. _____

B:1b. _____

B:1c. _____

B:1d. _____

B:1a – Opstelling

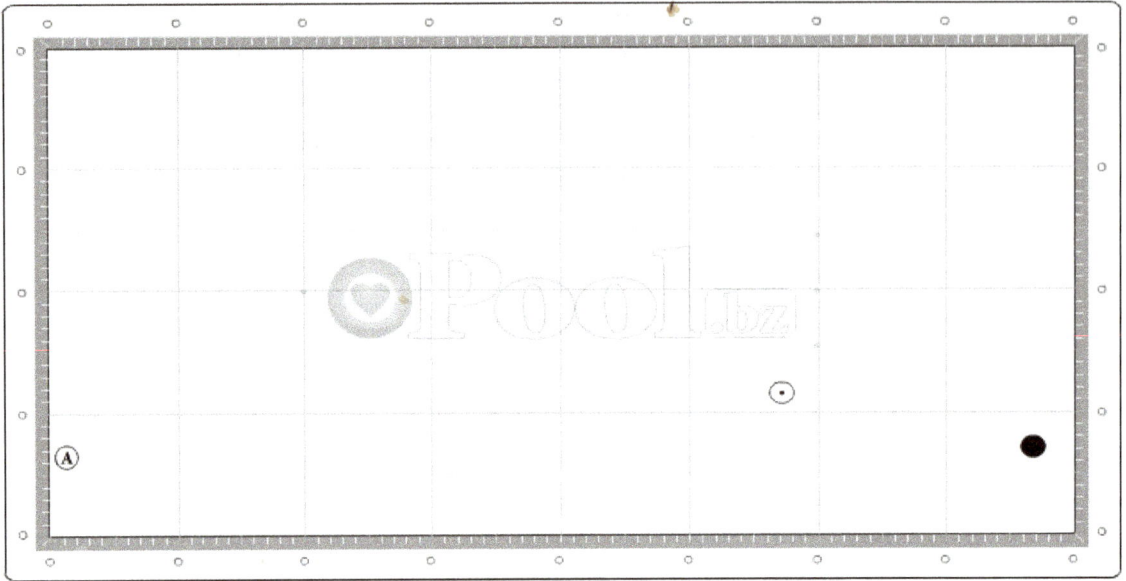

Opmerkingen en ideeën:

Schotpatroon

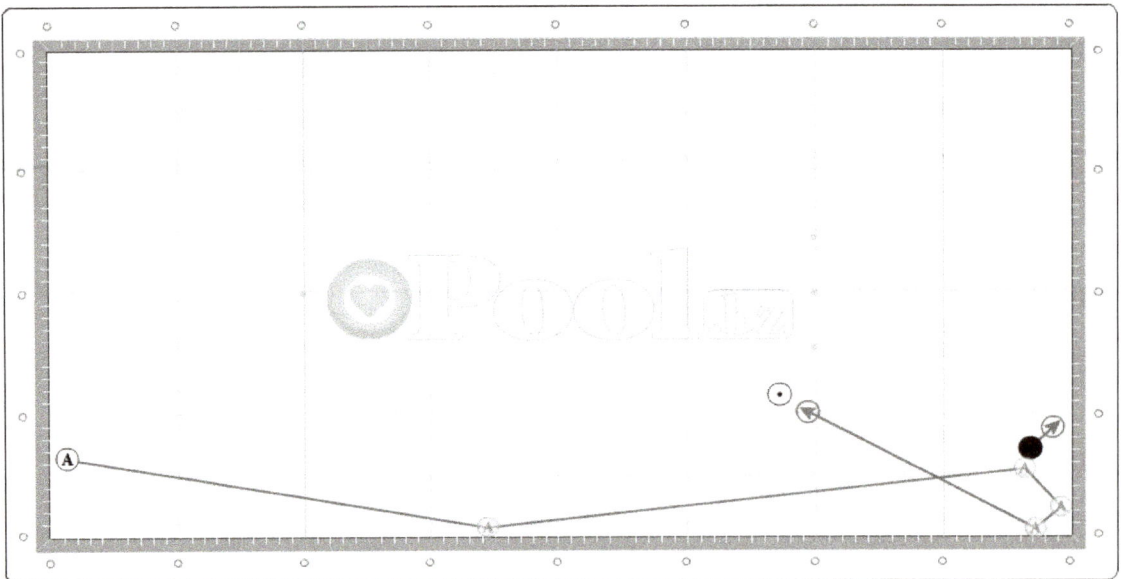

B:1b – Opstelling

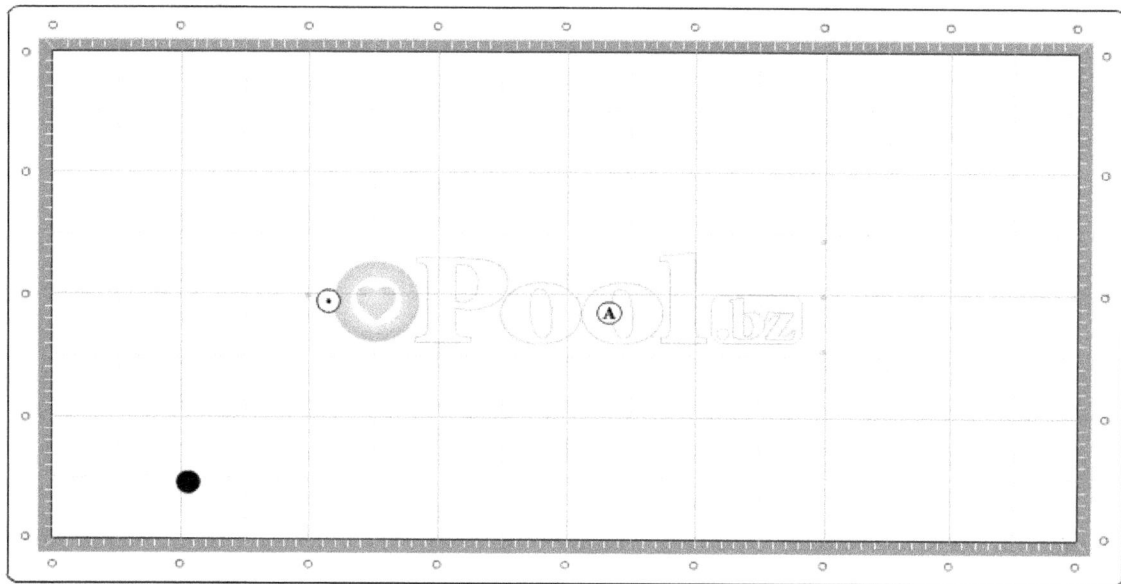

Opmerkingen en ideeën:

Schotpatroon

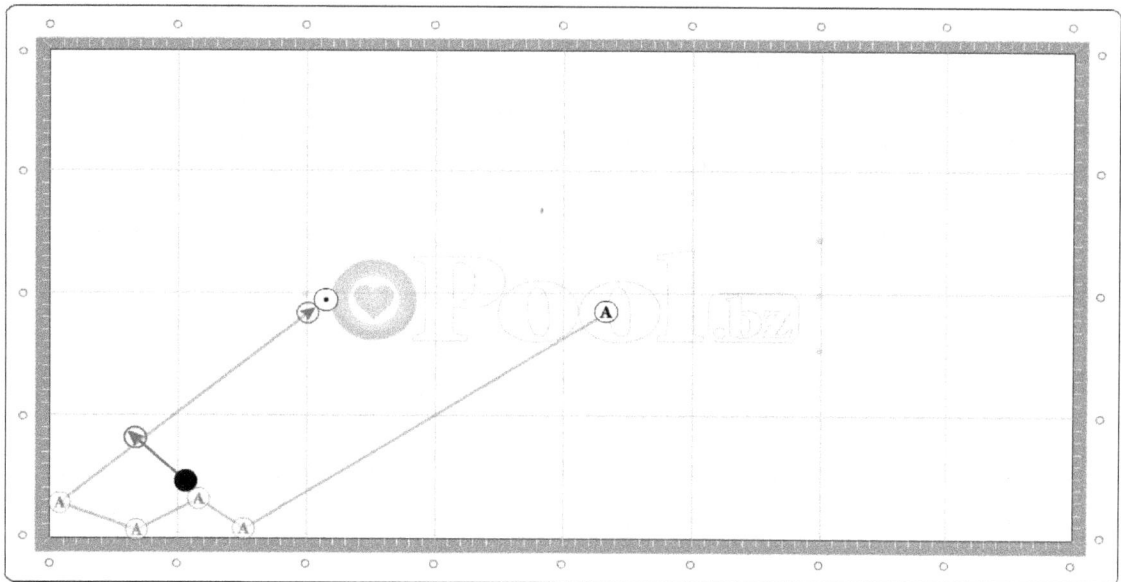

B:1c – Opstelling

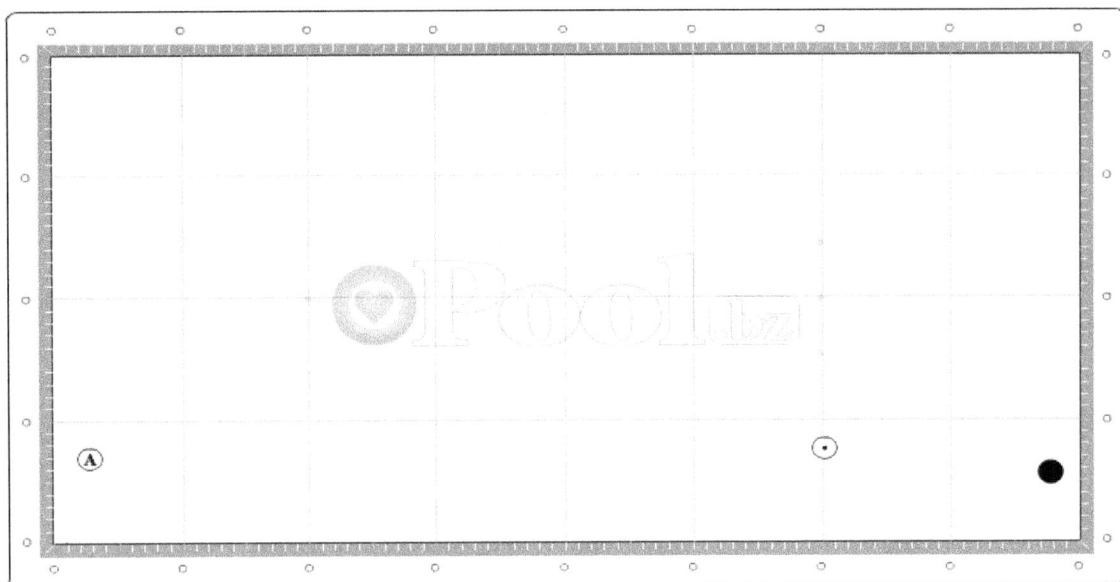

Opmerkingen en ideeën:

Schotpatroon

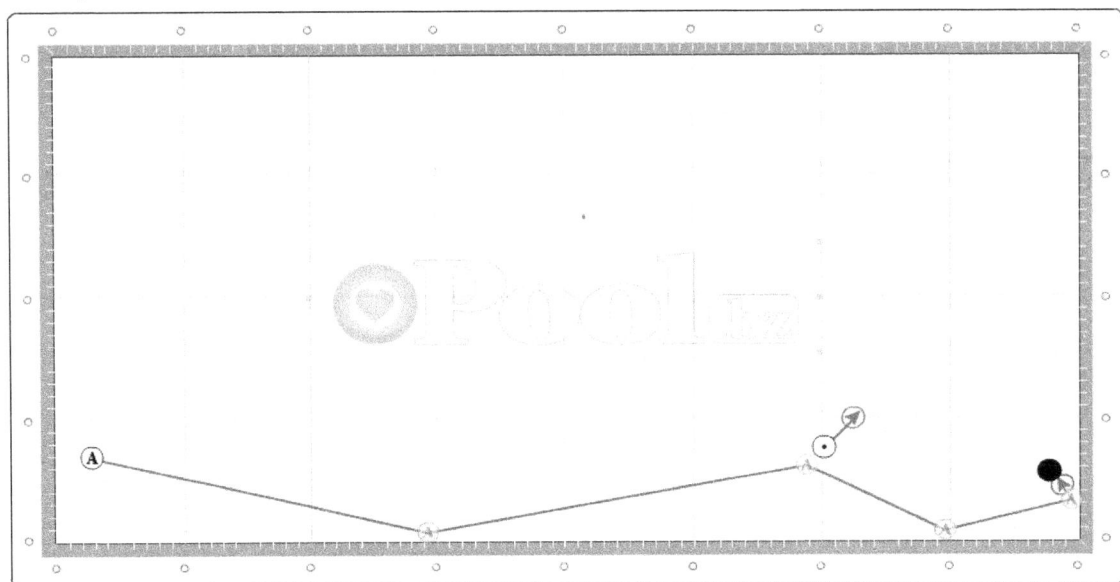

26

B:1d – Opstelling

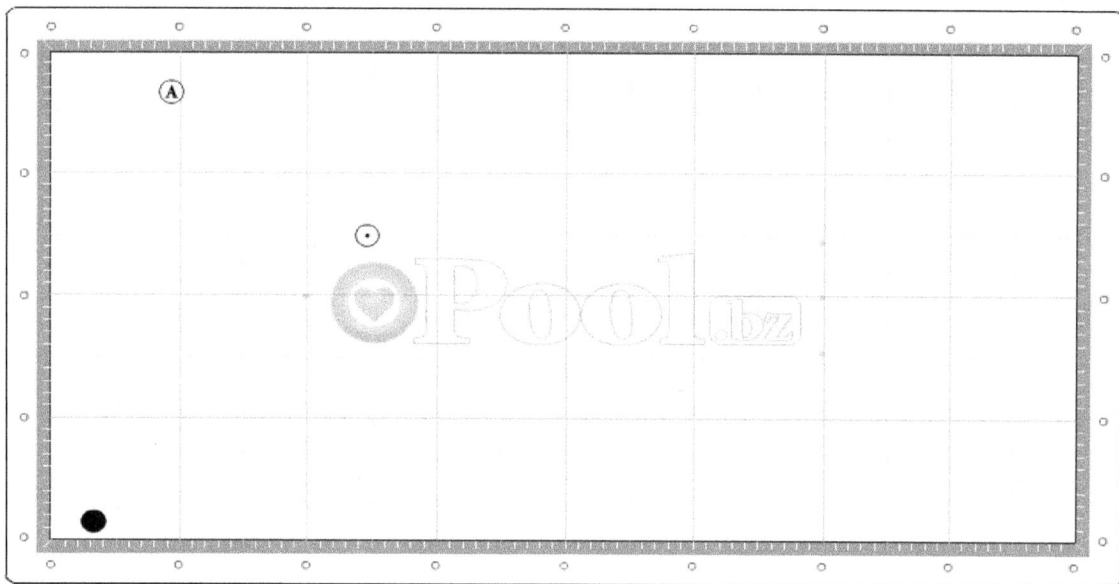

Opmerkingen en ideeën:

Schotpatroon

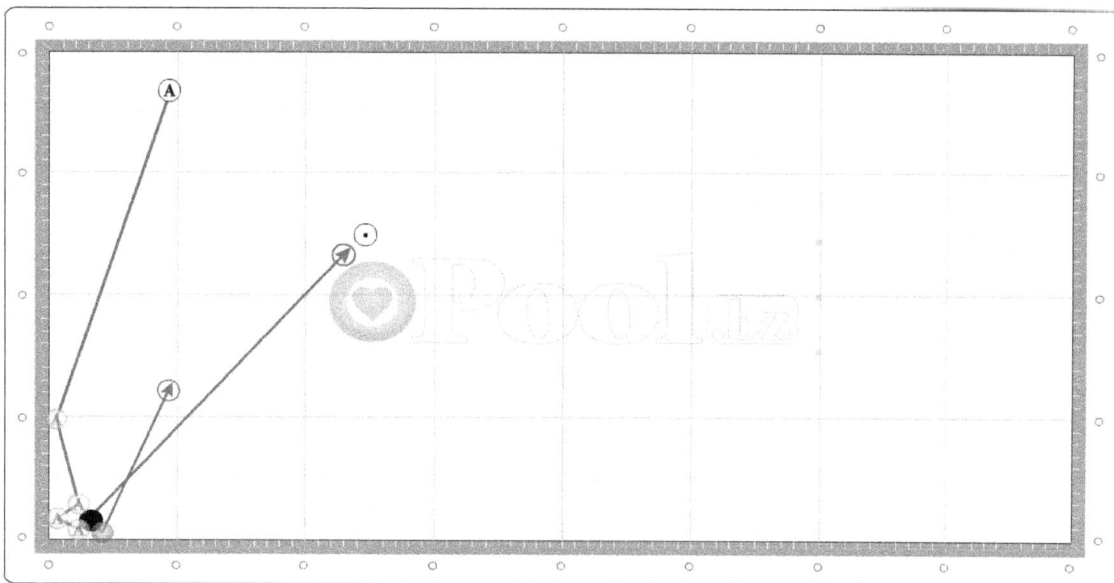

B: Groep 2

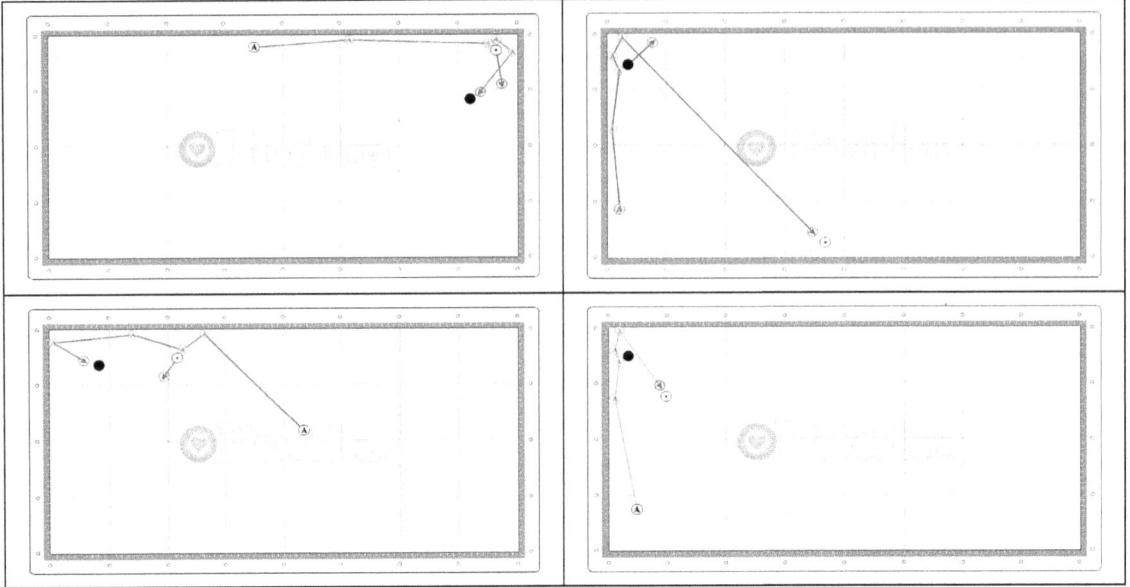

Analyse:

B:2a. _____

B:2b. _____

B:2c. _____

B:2d. _____

B:2a – Opstelling

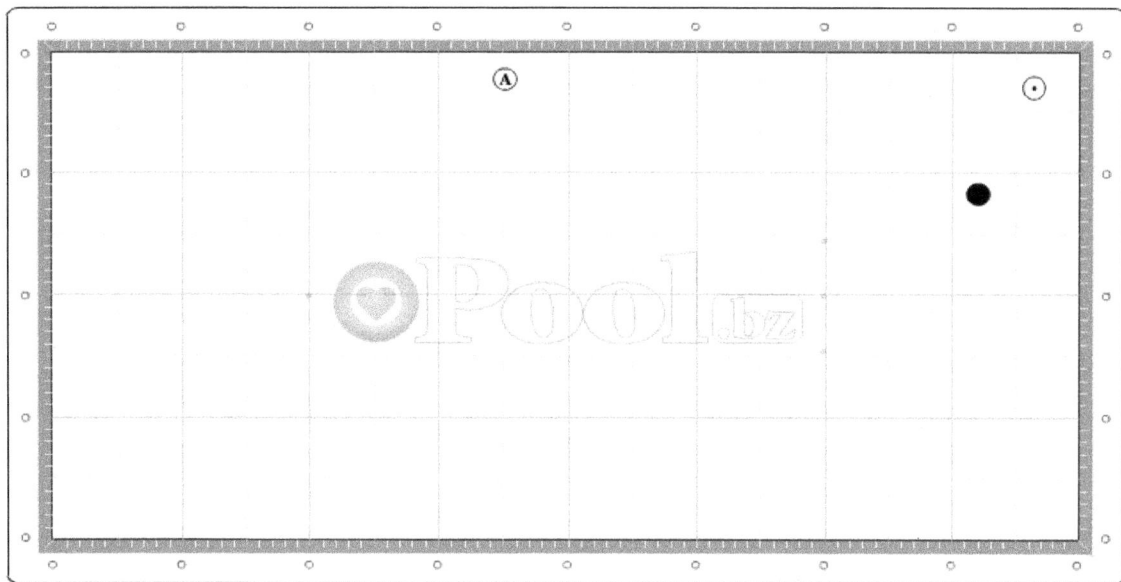

Opmerkingen en ideeën:

Schotpatroon

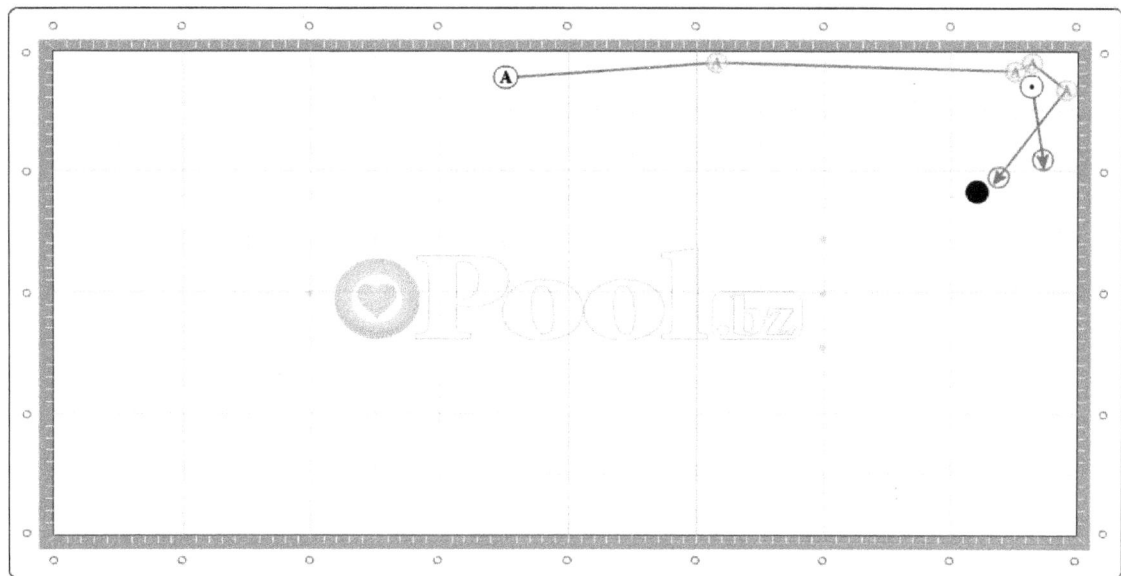

B:2b – Opstelling

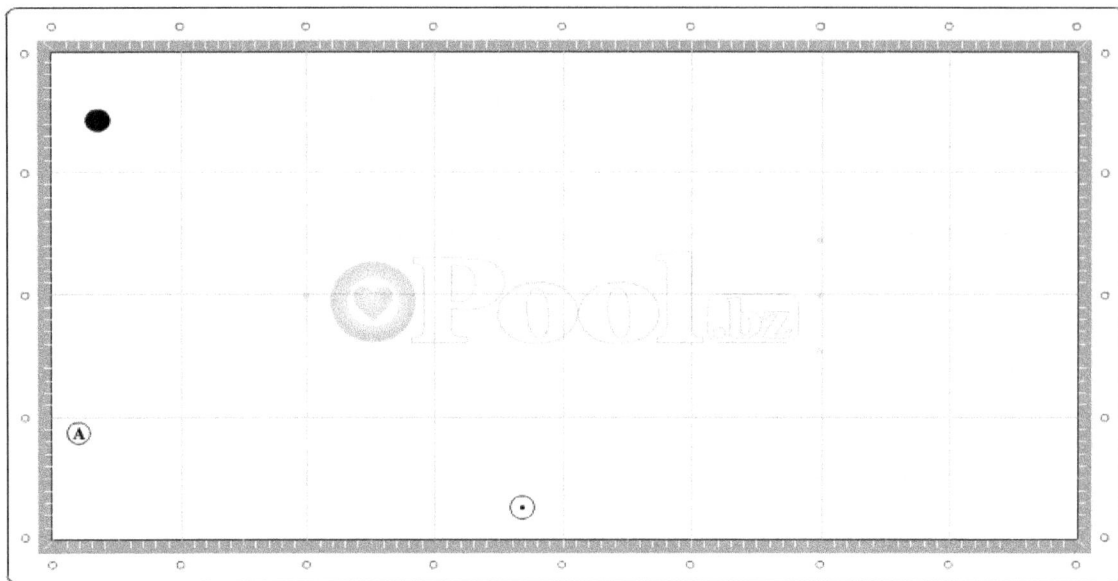

Opmerkingen en ideeën:

Schotpatroon

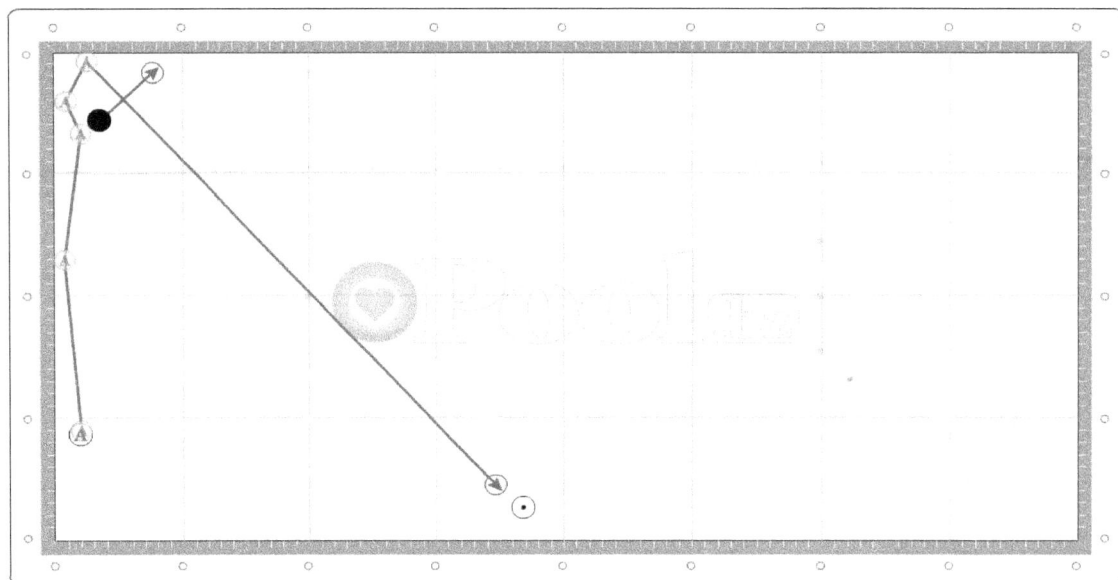

B:2c – Opstelling

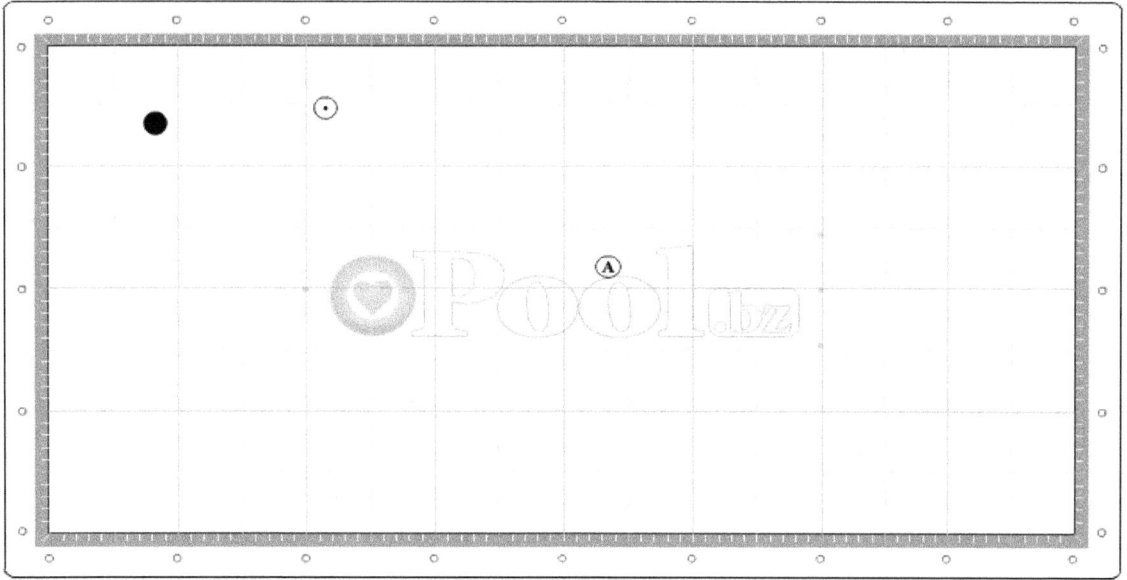

Opmerkingen en ideeën:

Schotpatroon

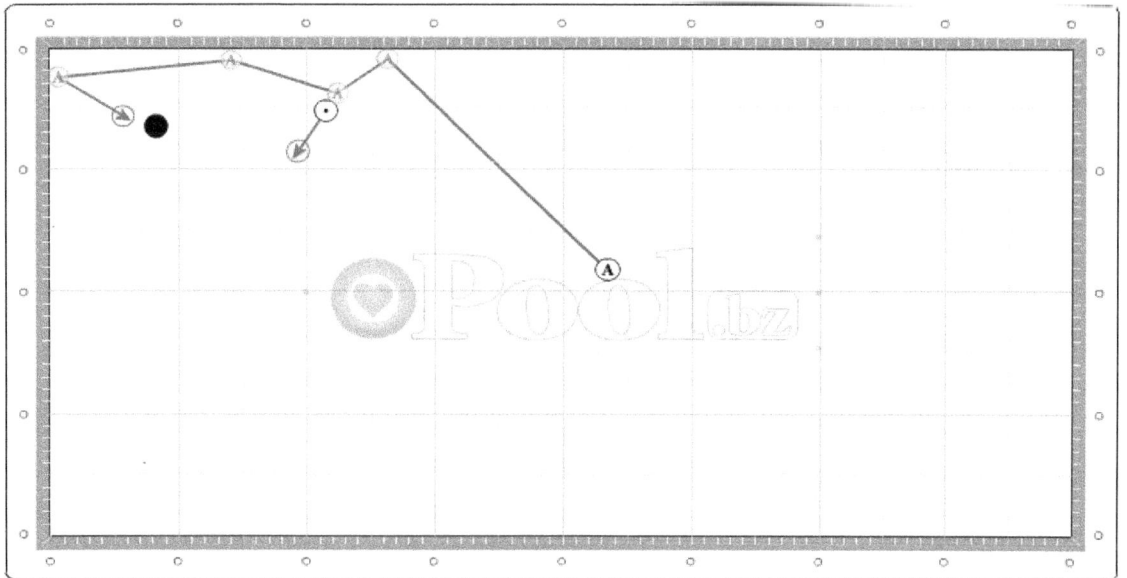

B:2d – Opstelling

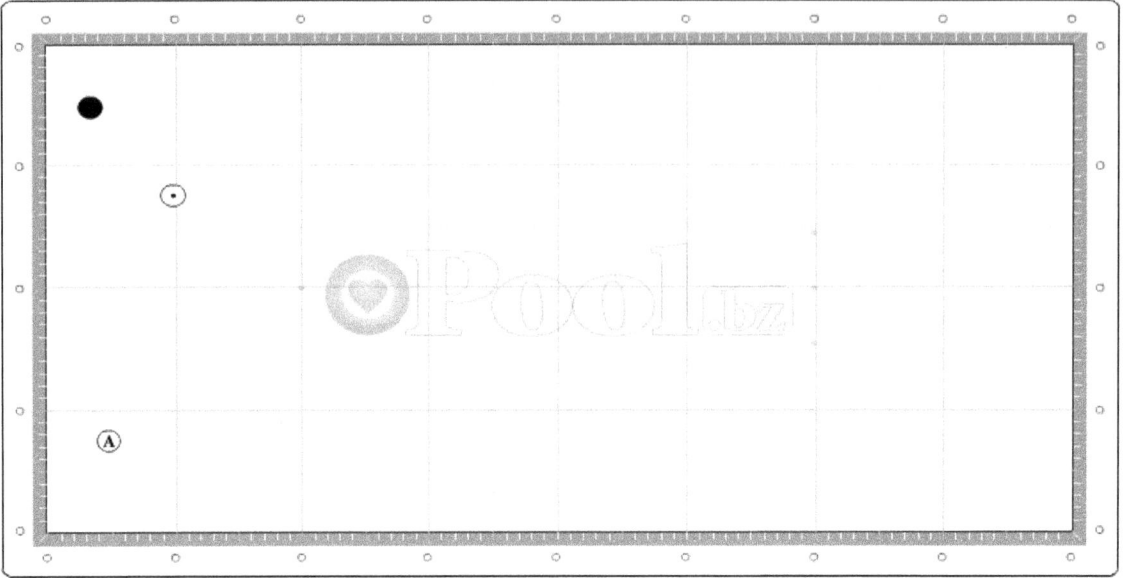

Opmerkingen en ideeën:

Schotpatroon

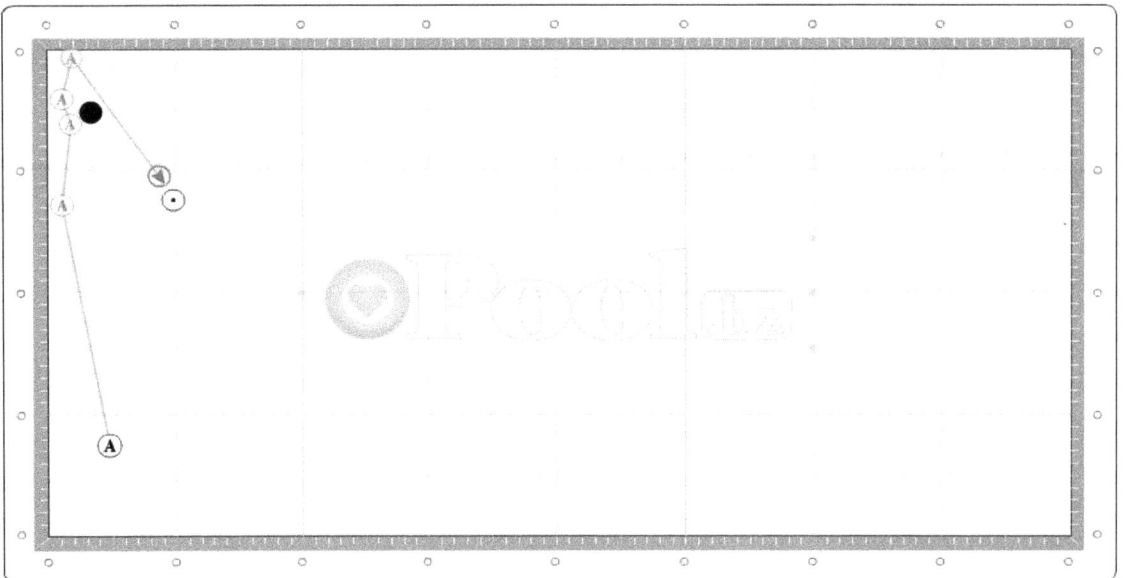

C: 2 biljartbandeneerst

De (CB) gaat in twee biljartbanden voordat deze contact maakt met de eerste (OB). Na het contact gaat de (CB) vervolgens in een of meer biljartbanden en vervolgens in de tweede (OB).

(A) (CB) (uw biljartbal) – (•) (OB) (tegenstander biljartbal) – ⬤ (OB) (rode biljartbal)

C: Groep 1

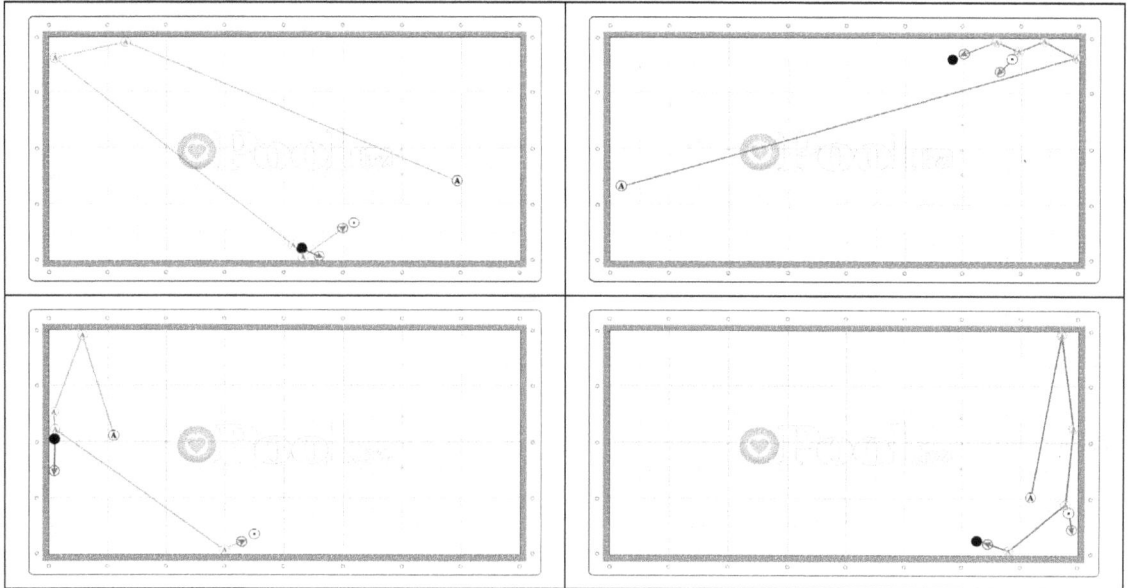

Analyse:

C:1a. _____

C:1b. _____

C:1c. _____

C:1d. _____

C:1a – Opstelling

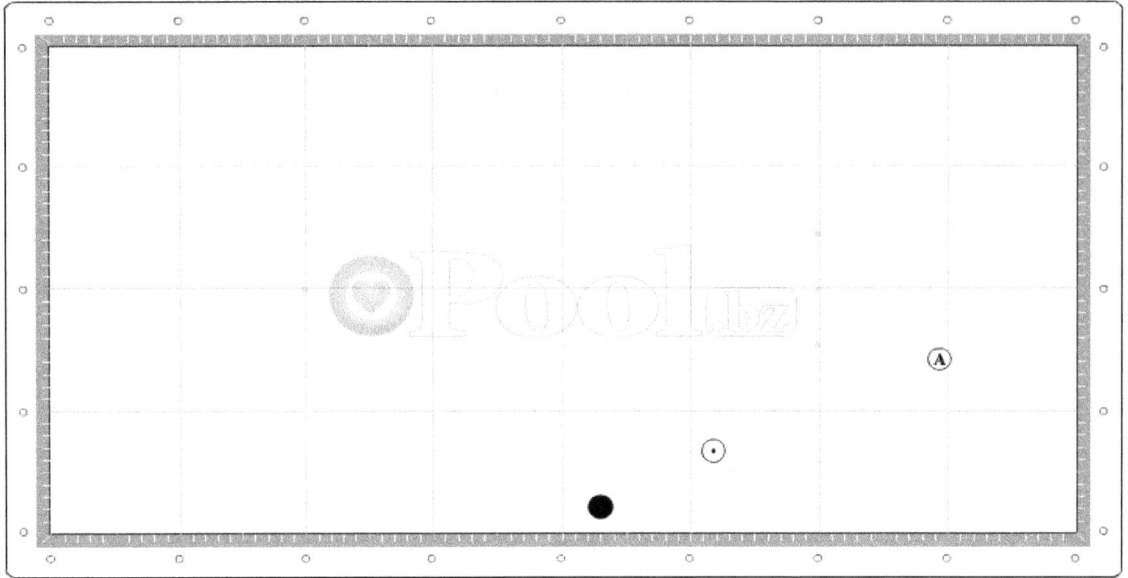

Opmerkingen en ideeën:

Schotpatroon

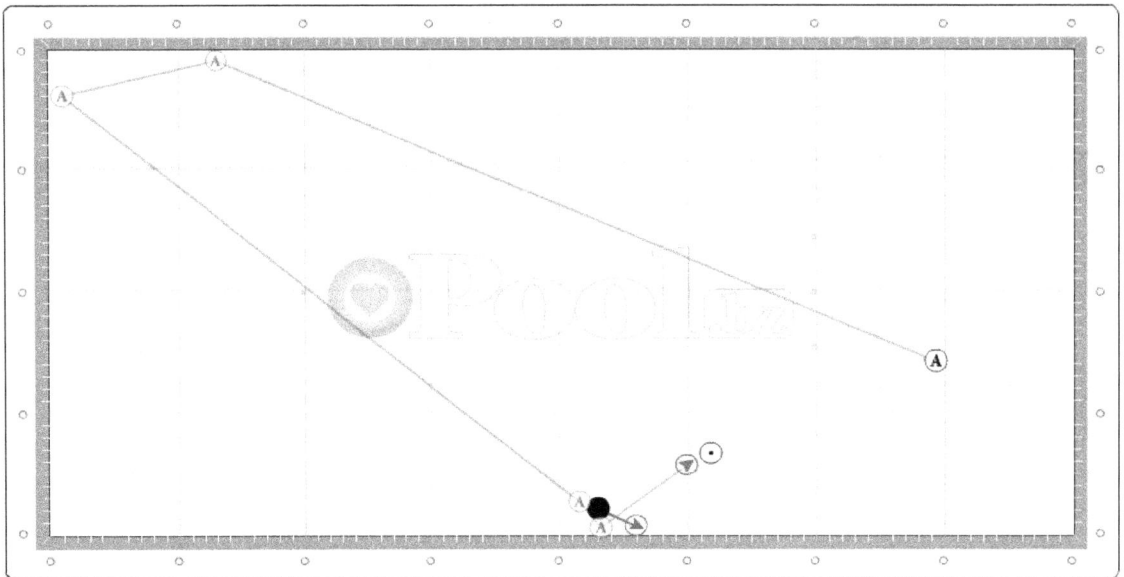

C:1b – Opstelling

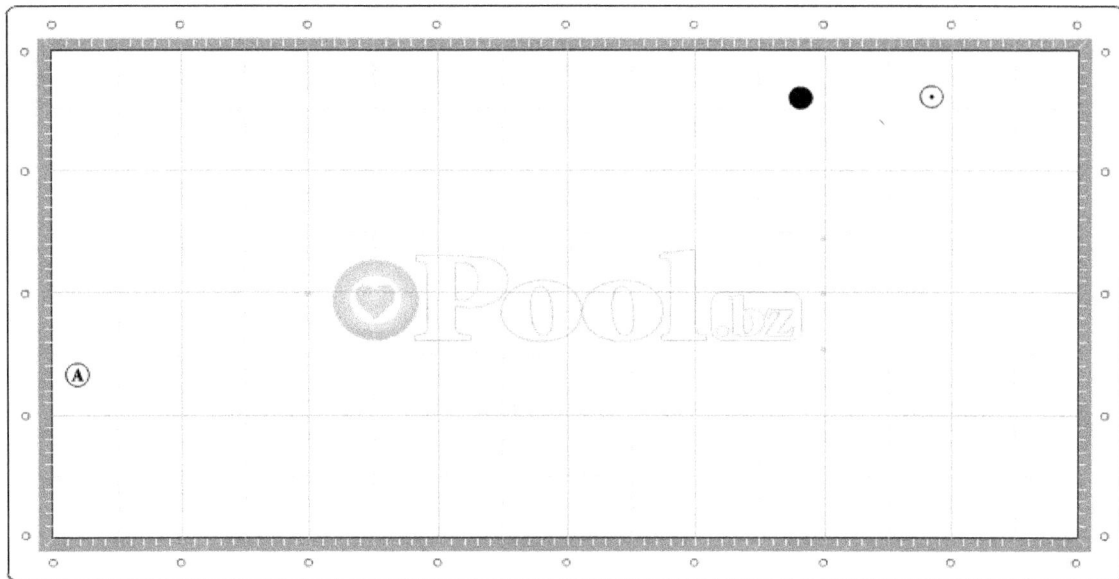

Opmerkingen en ideeën:

Schotpatroon

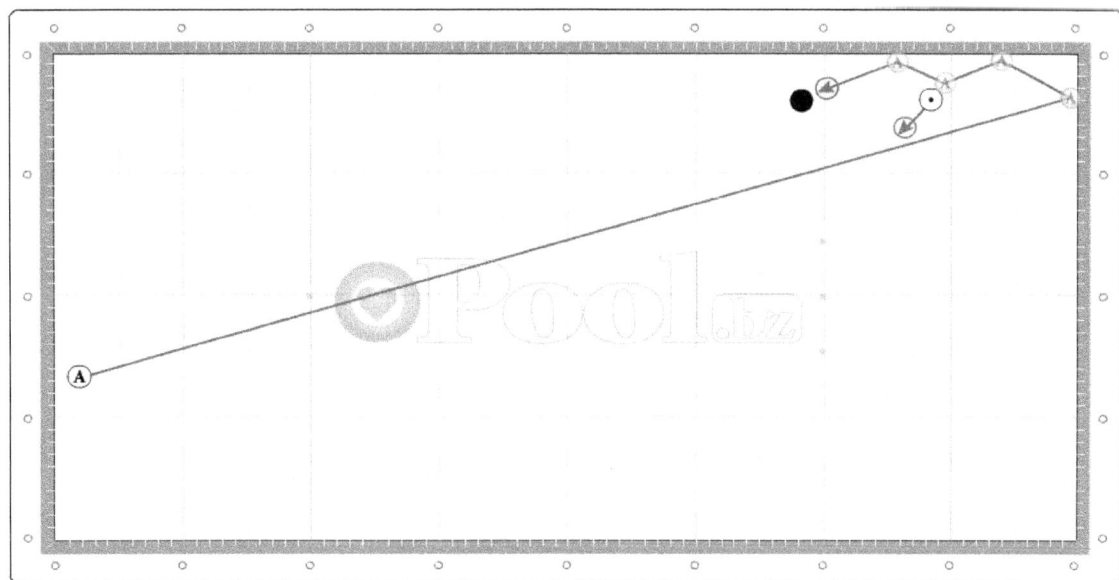

C:1c – Opstelling

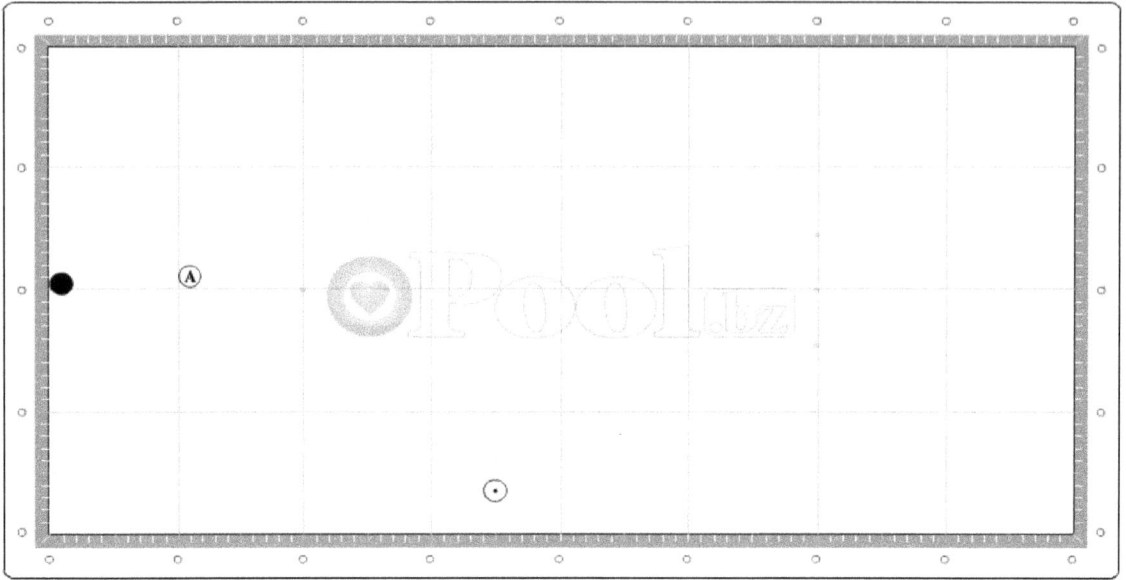

Opmerkingen en ideeën:

Schotpatroon

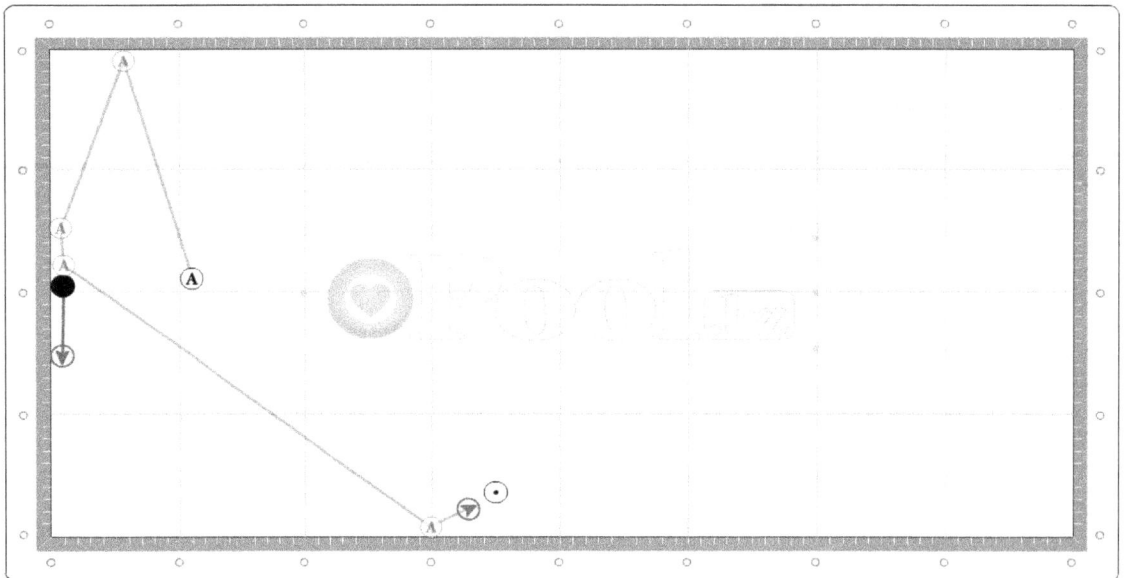

C:1d – Opstelling

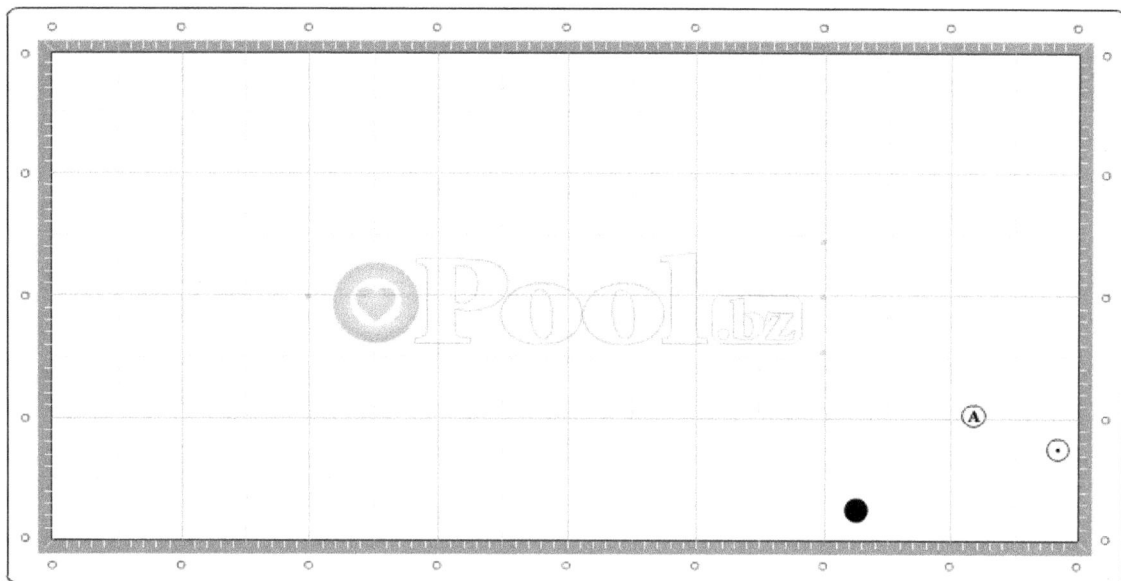

Opmerkingen en ideeën:

Schotpatroon

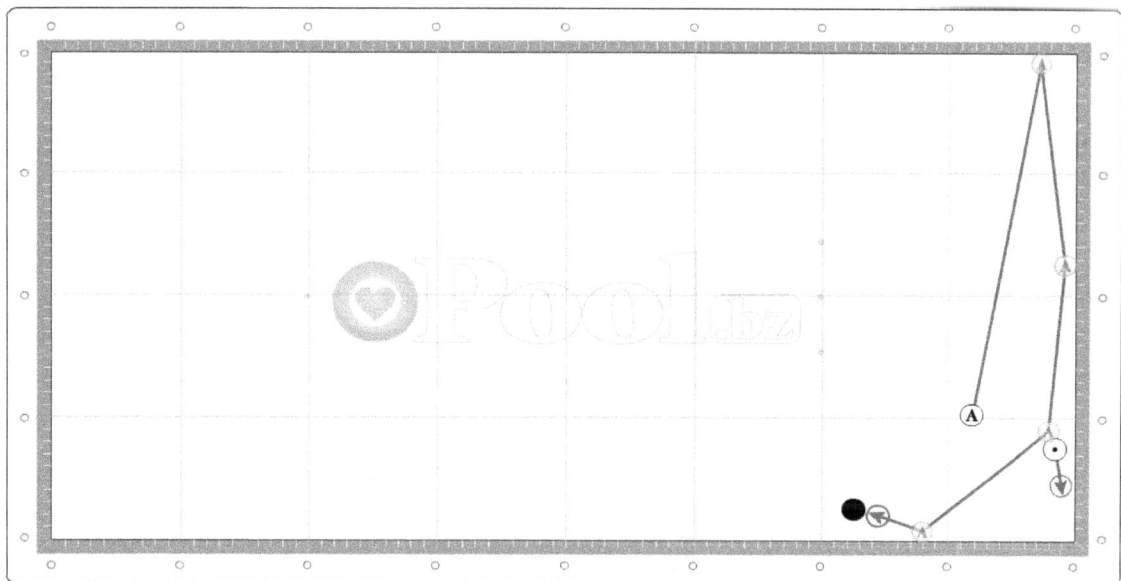

C: Groep 2

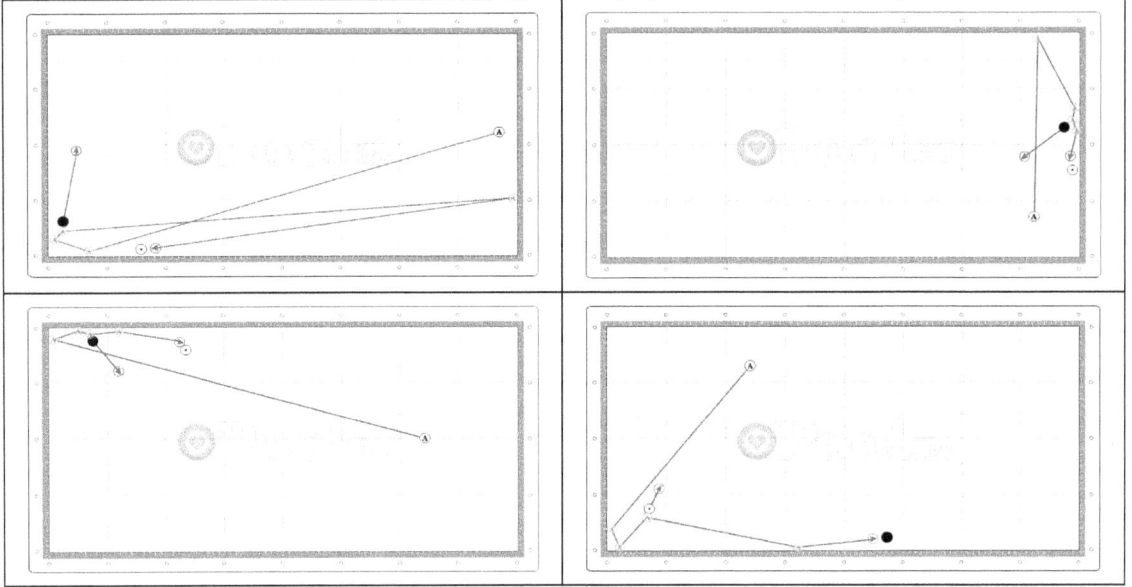

Analyse:

C:2a. _____

C:2b. _____

C:2c. _____

C:2d. _____

C:2a – Opstelling

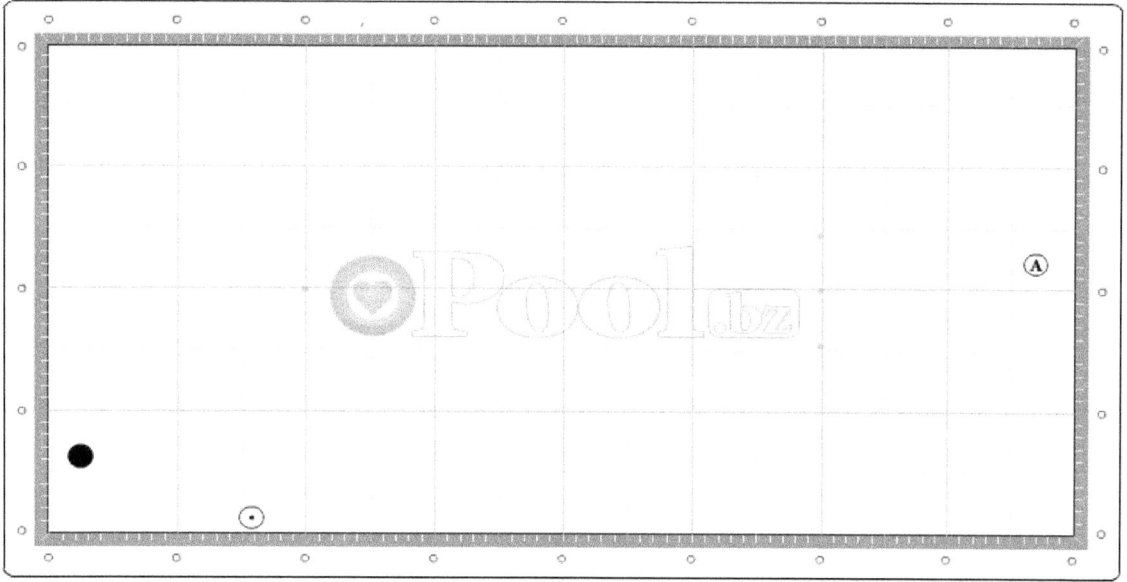

Opmerkingen en ideeën:

Schotpatroon

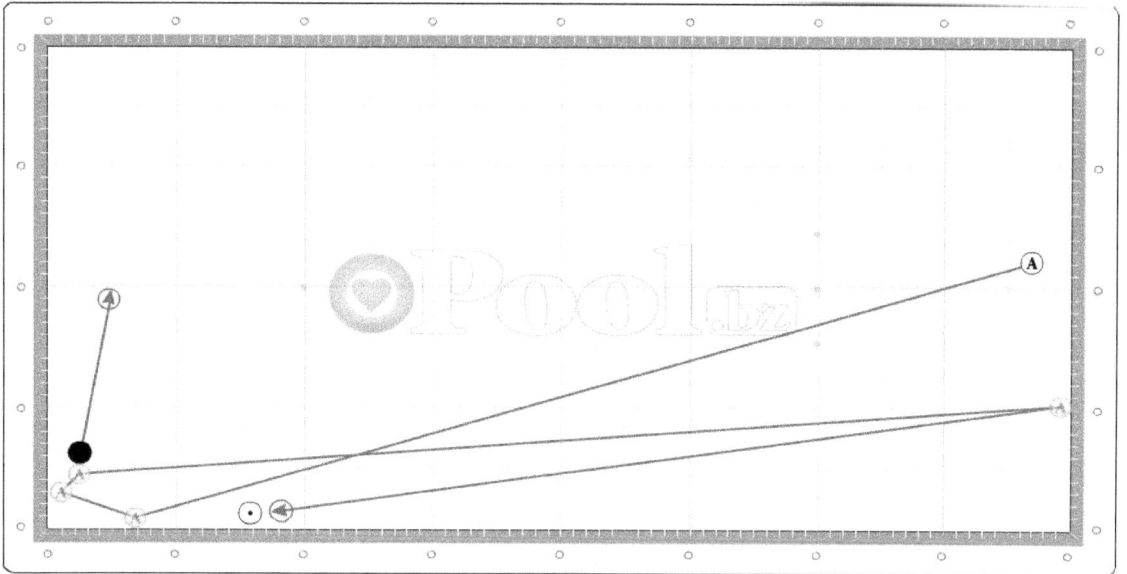

C:2b – Opstelling

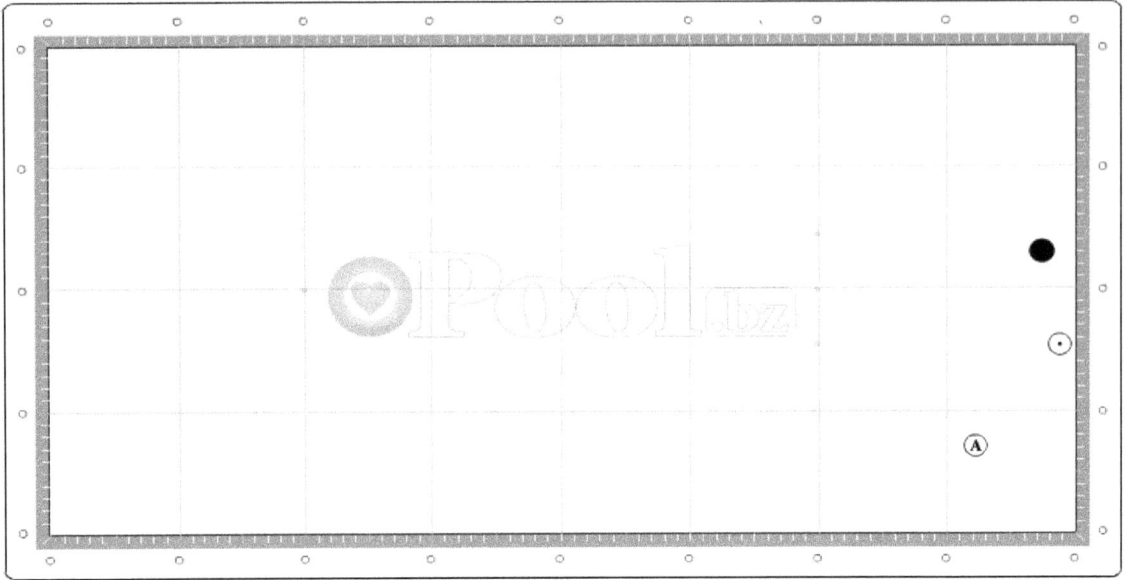

Opmerkingen en ideeën:

Schotpatroon

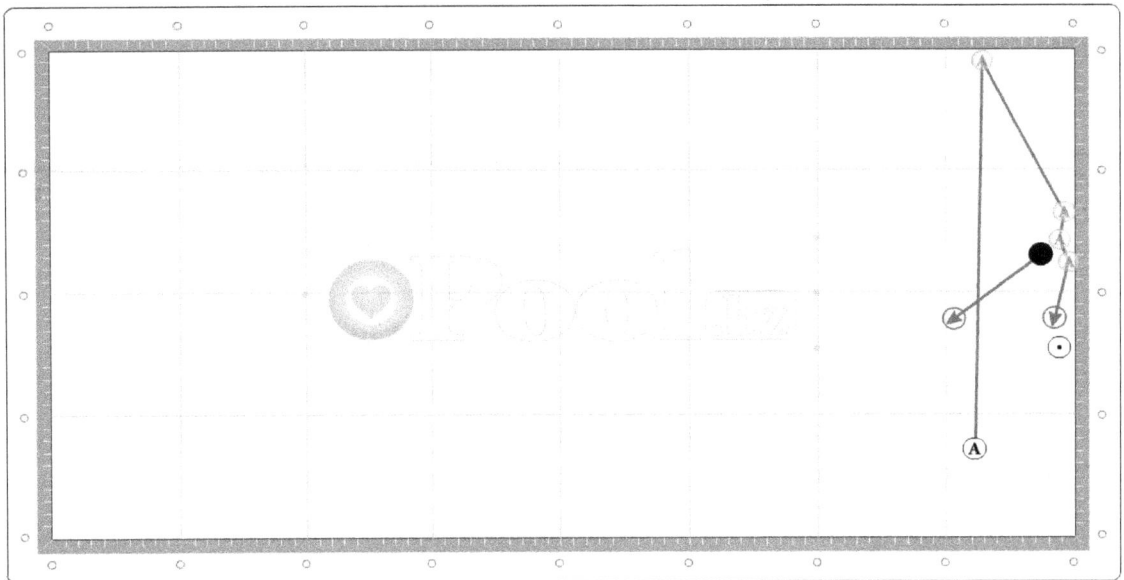

C:2c – Opstelling

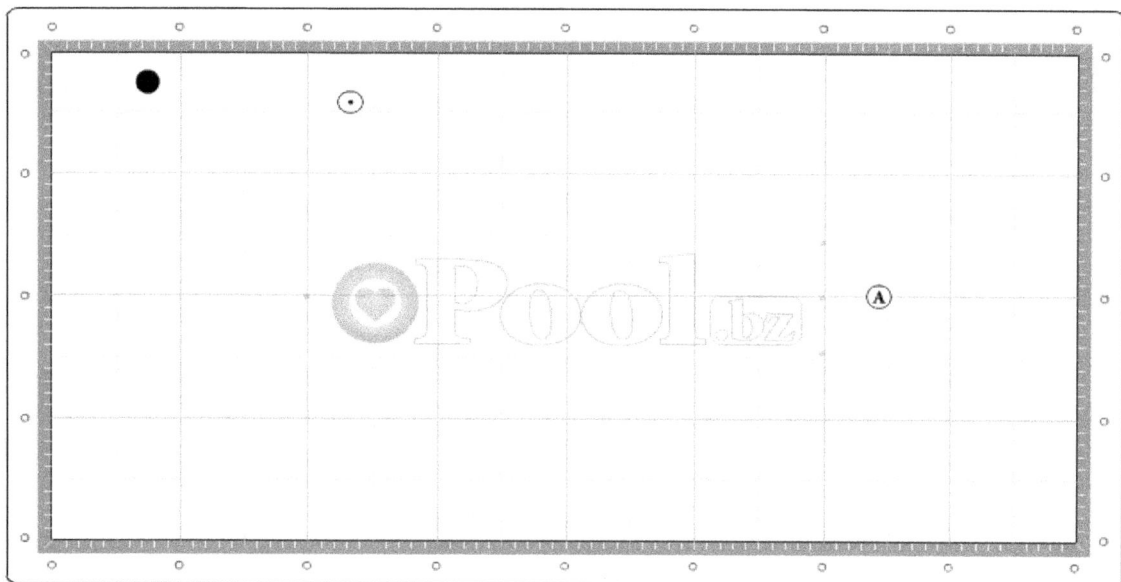

Opmerkingen en ideeën:

Schotpatroon

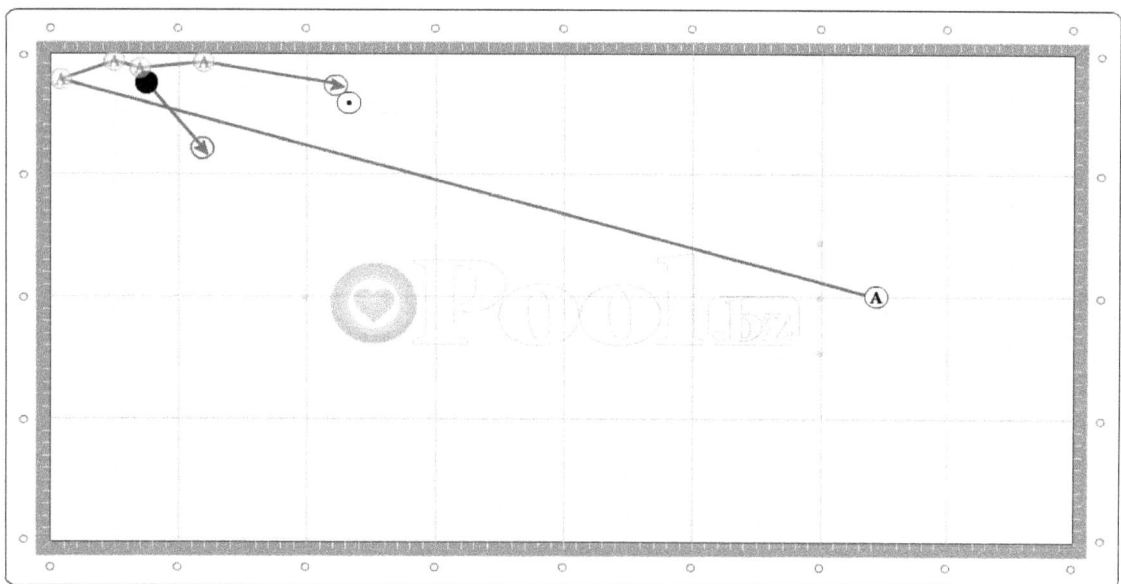

C:2d – Opstelling

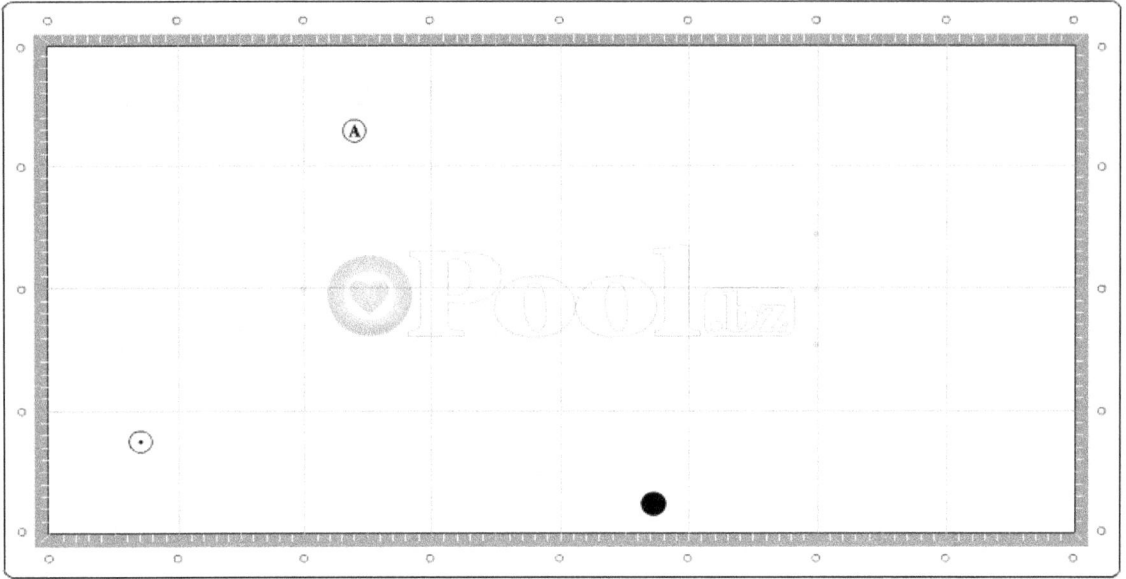

Opmerkingen en ideeën:

Schotpatroon

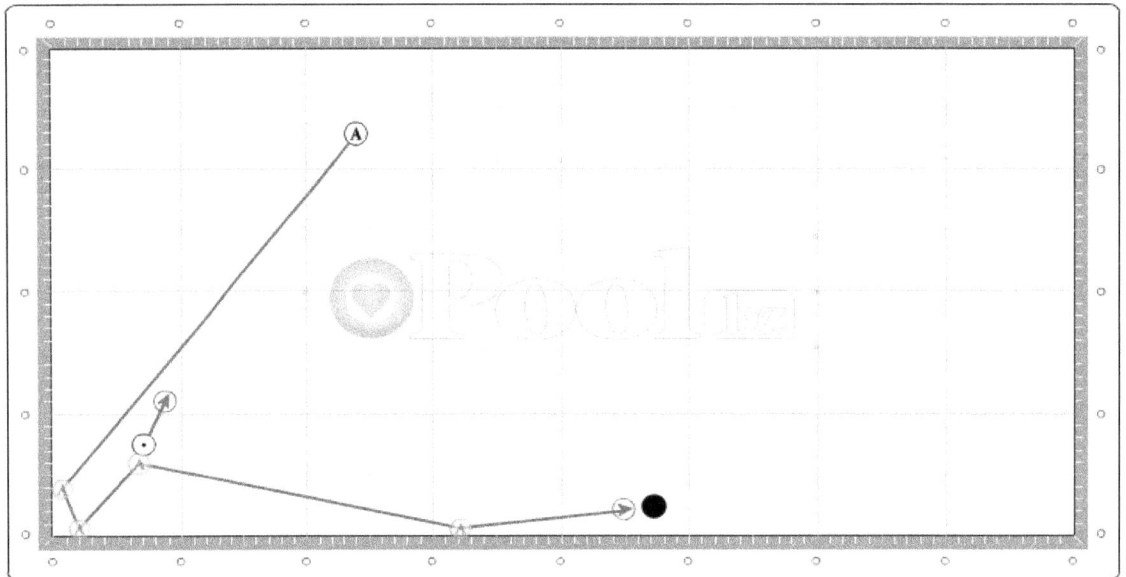

D: 3 biljartbandeneerst, serie 1

Deze voorbeelden zijn verdeeld in twee secties. De (CB) gaat in drie biljartbanden, en dan in beide (OB).

(A) (CB) (uw biljartbal) – ⊙ (OB) (tegenstander biljartbal) – ● (OB) (rode biljartbal)

D: Groep 1

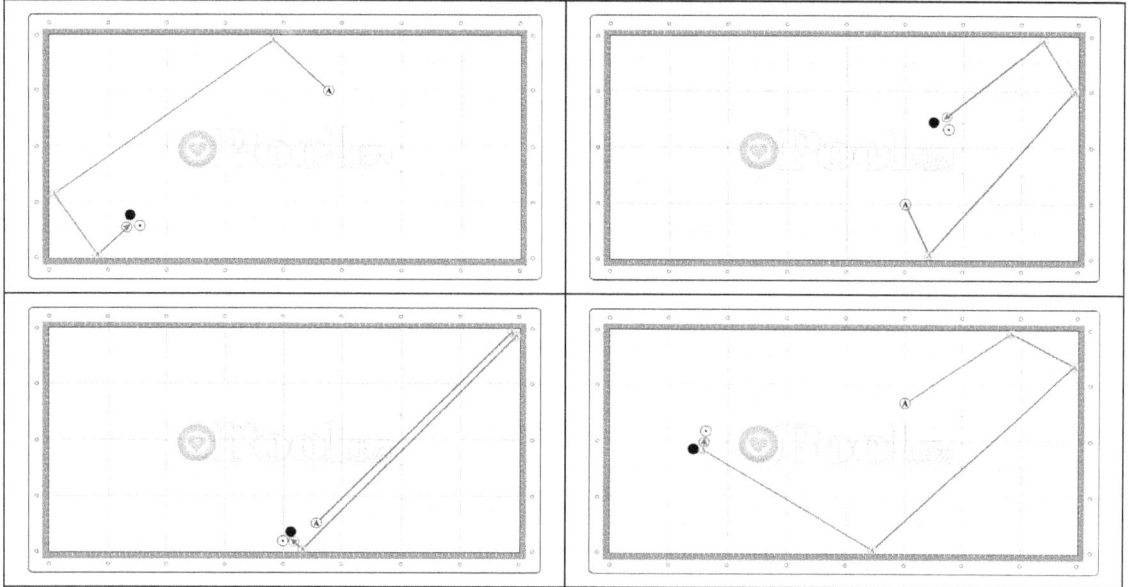

Analyse:

D:1a. _____

D:1b. _____

D:1c. _____

D:1d. _____

D:1a – Opstelling

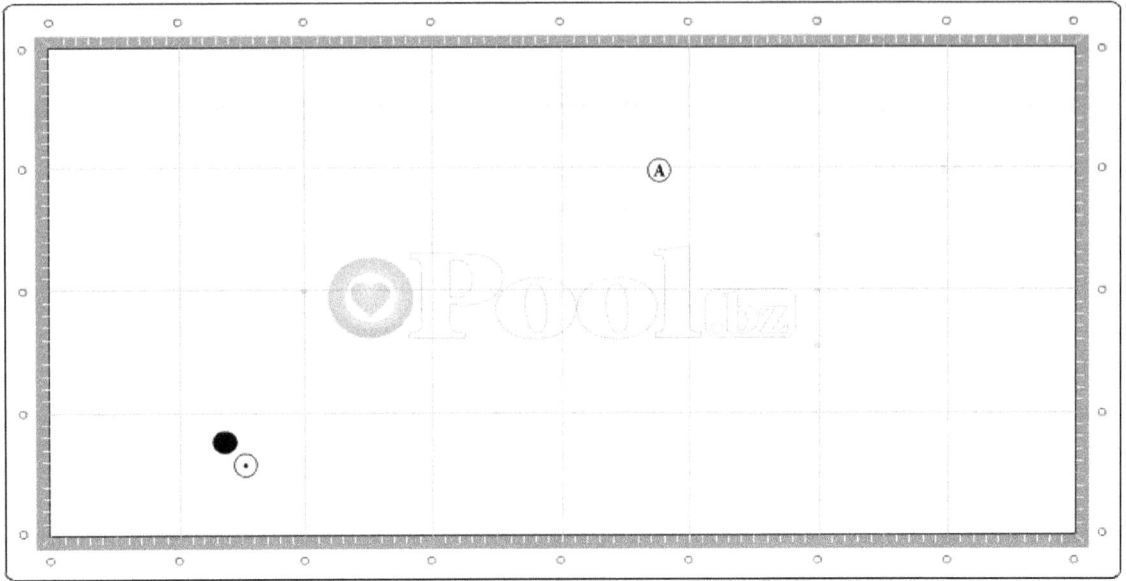

Opmerkingen en ideeën:

Schotpatroon

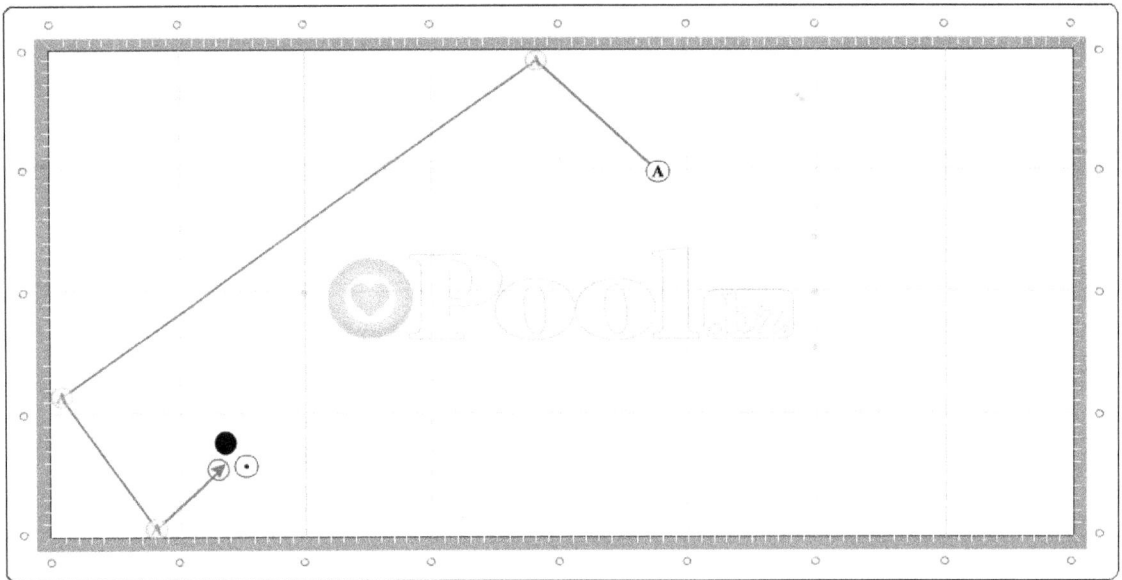

D:1b – Opstelling

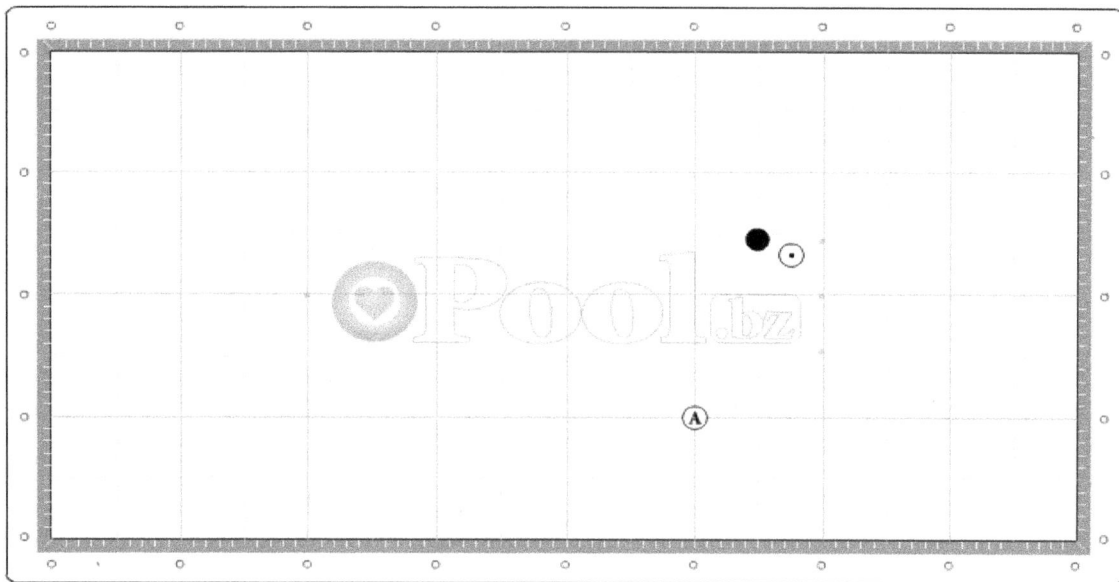

Opmerkingen en ideeën:

Schotpatroon

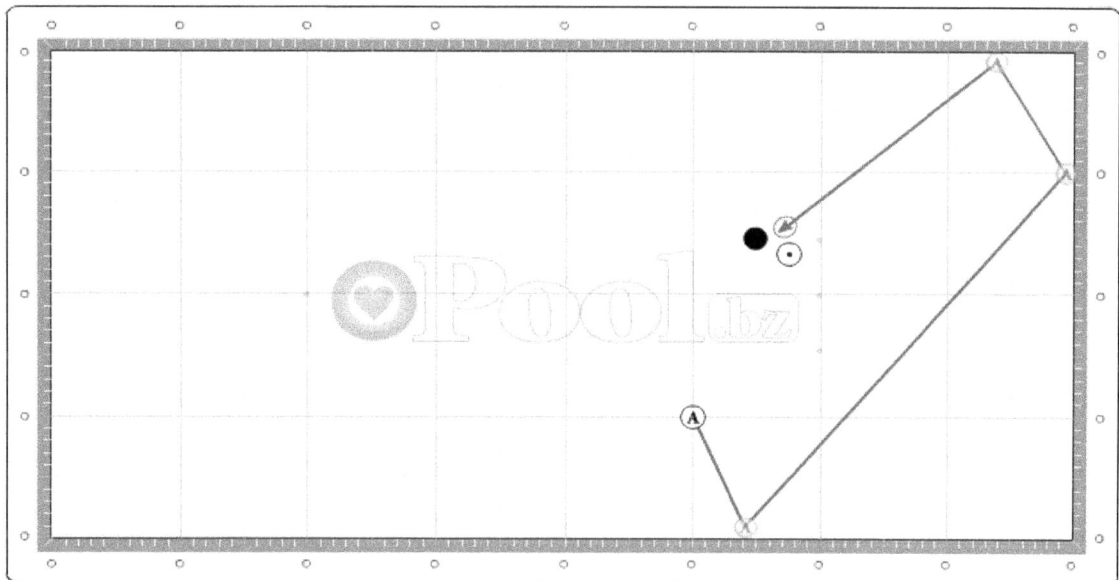

D:1c – Opstelling

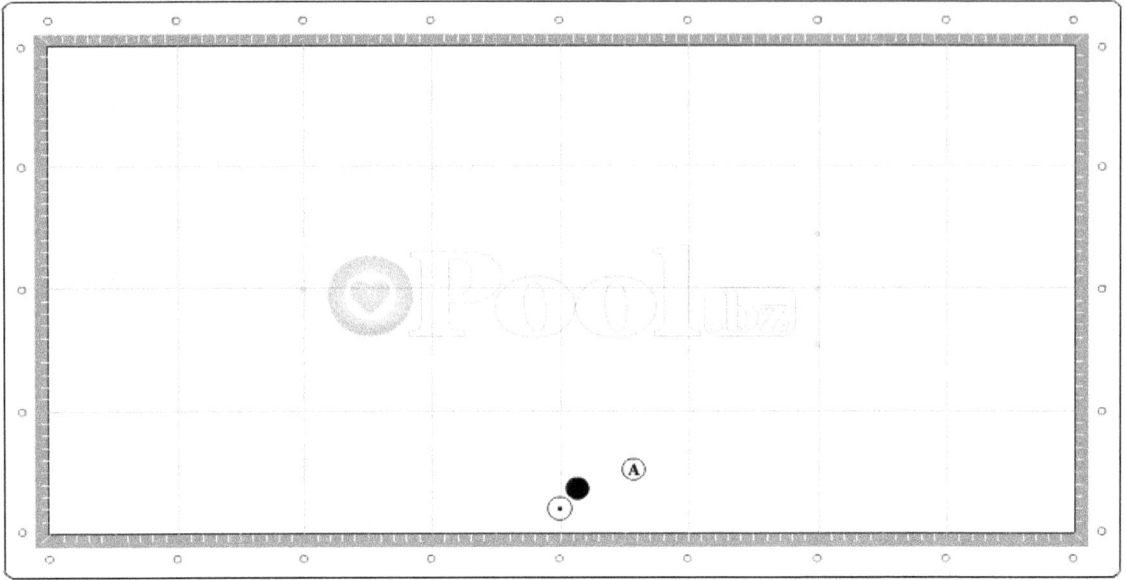

Opmerkingen en ideeën:

Schotpatroon

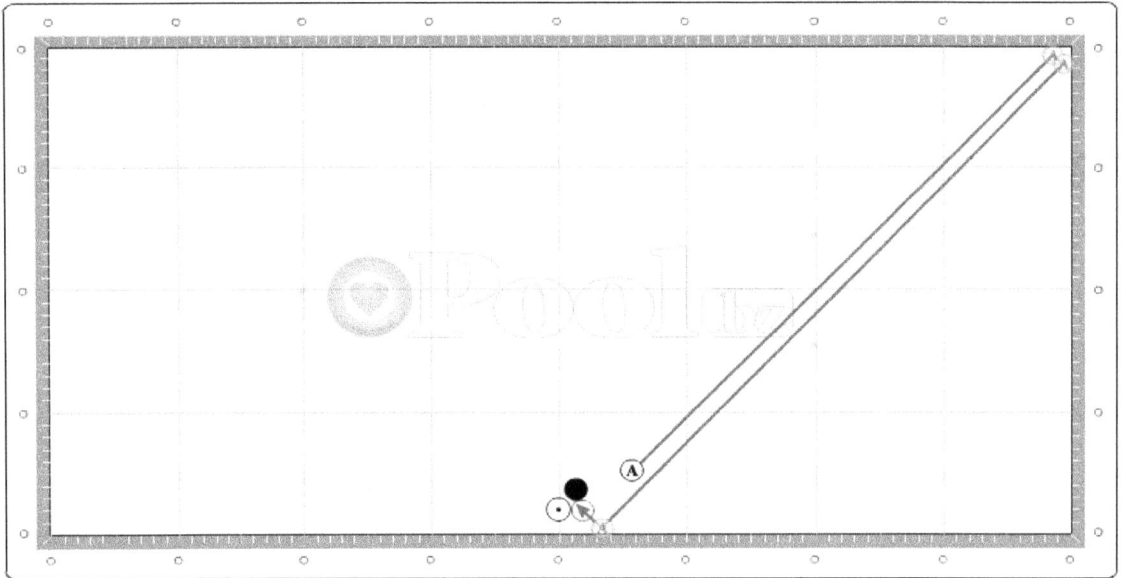

D:1d – Opstelling

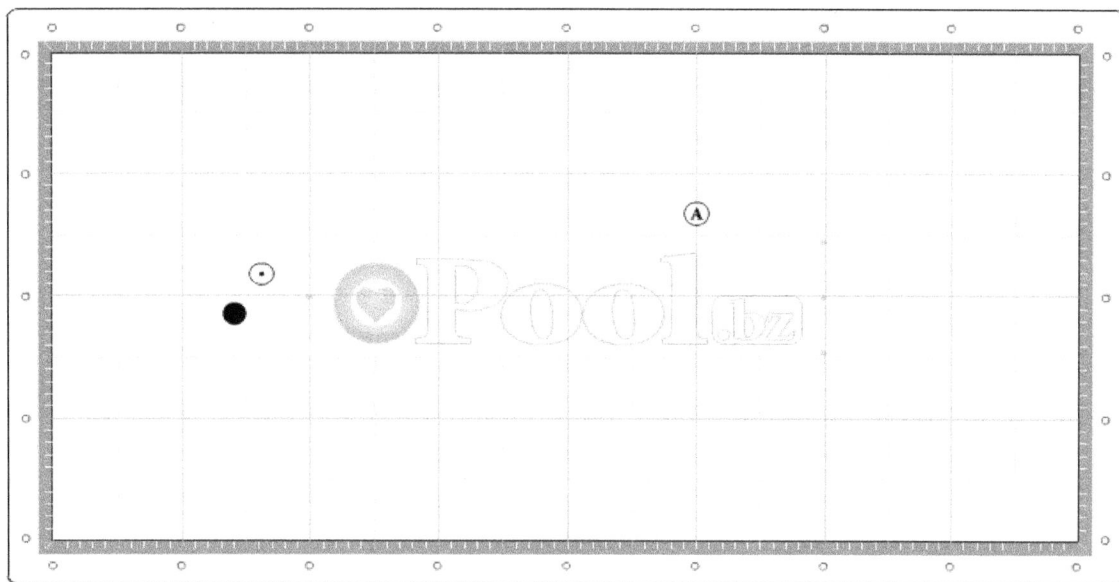

Opmerkingen en ideeën:

Schotpatroon

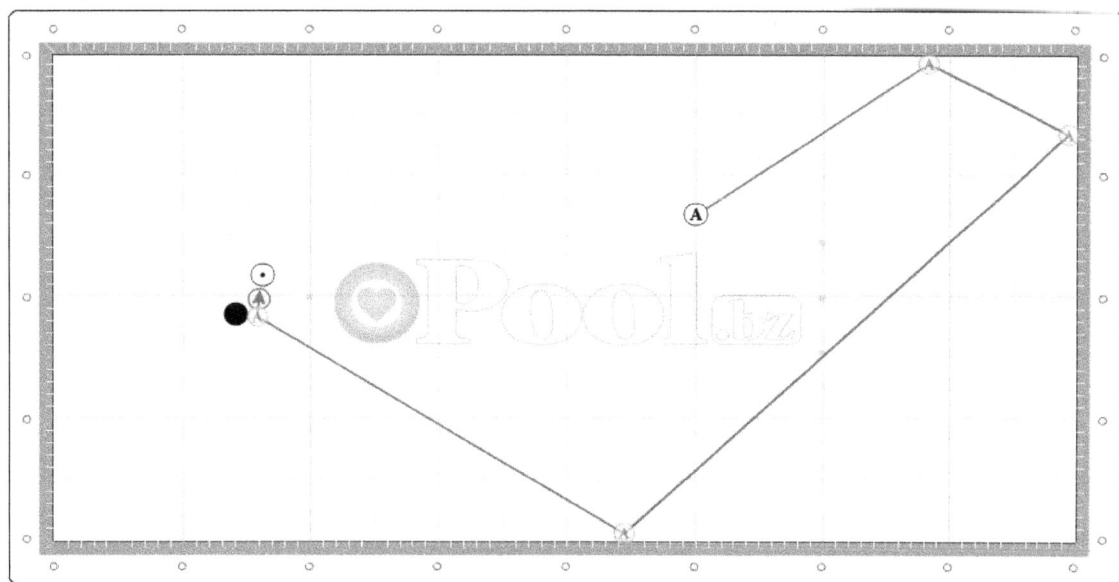

D: Groep 2

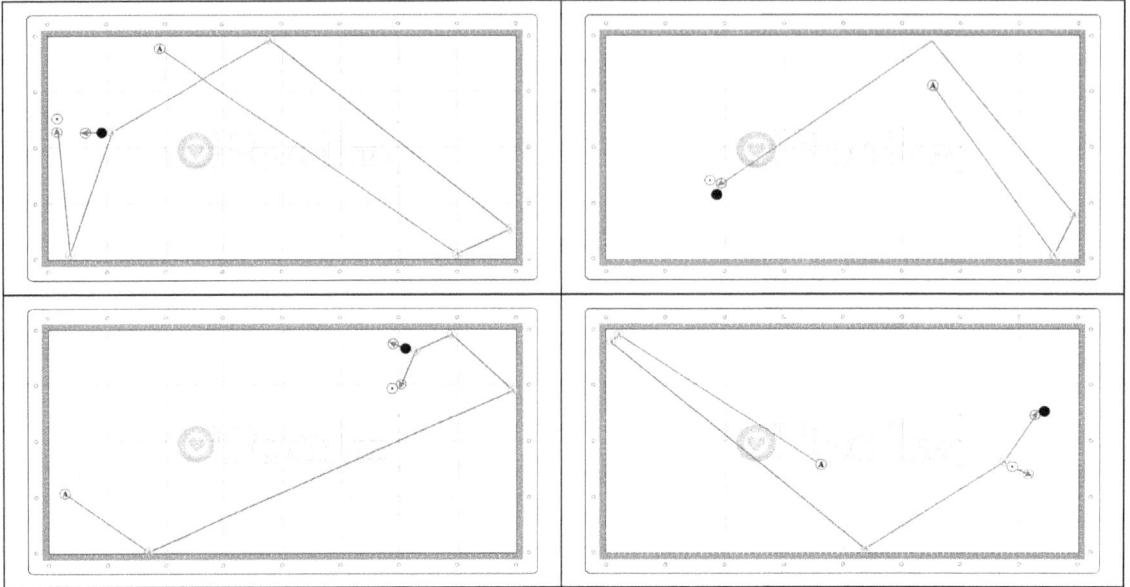

Analyse:

D:2a. _____

D:2b. _____

D:2c. _____

D:2d. _____

D:2a – Opstelling

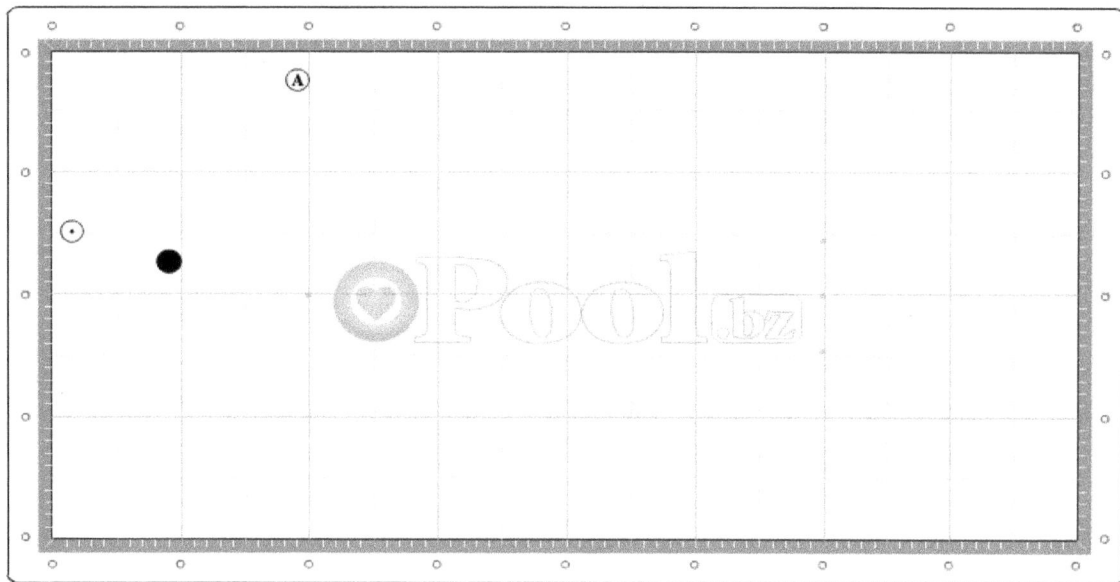

Opmerkingen en ideeën:

Schotpatroon

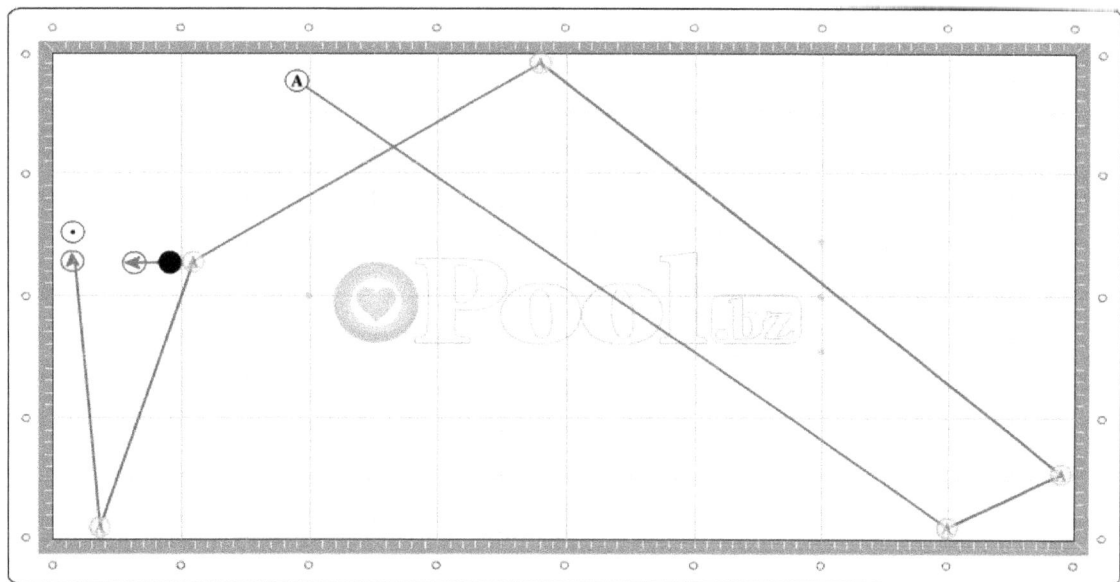

D:2b – Opstelling

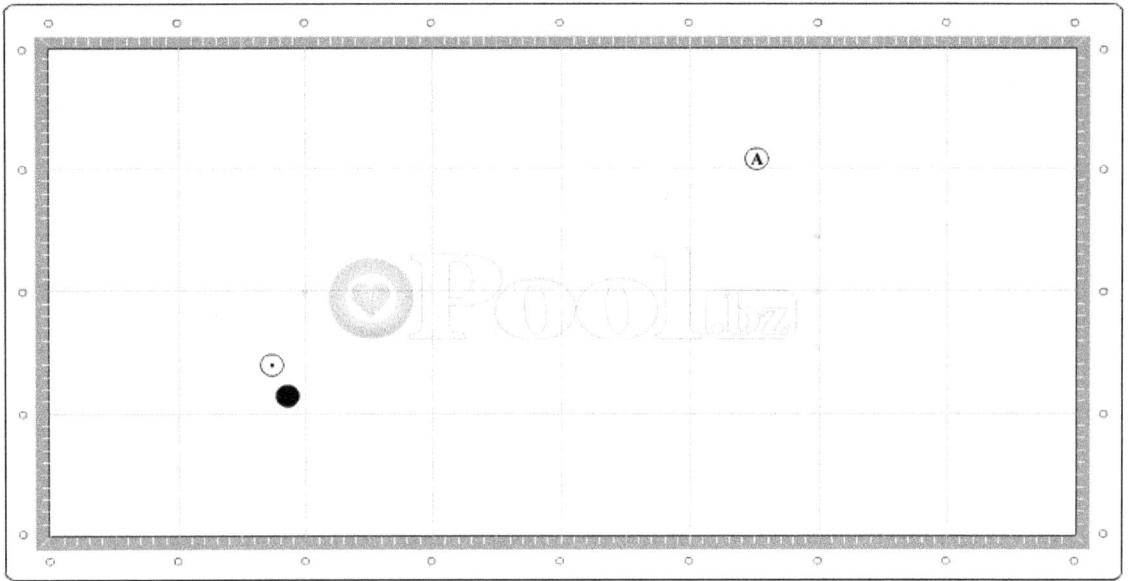

Opmerkingen en ideeën:

Schotpatroon

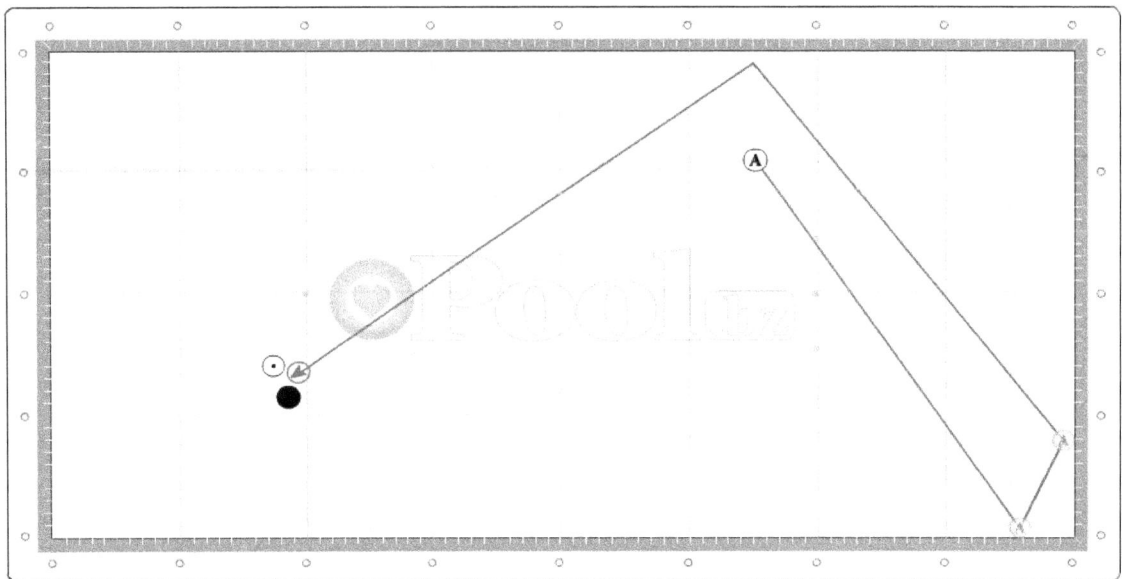

D:2c – Opstelling

Opmerkingen en ideeën:

Schotpatroon

D:2d – Opstelling

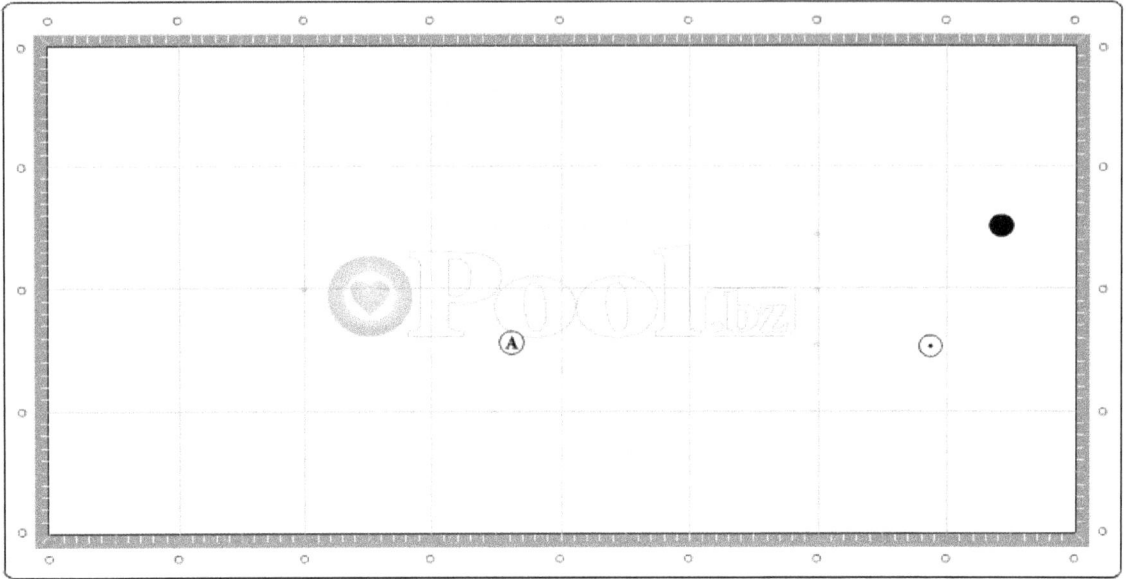

Opmerkingen en ideeën:

Schotpatroon

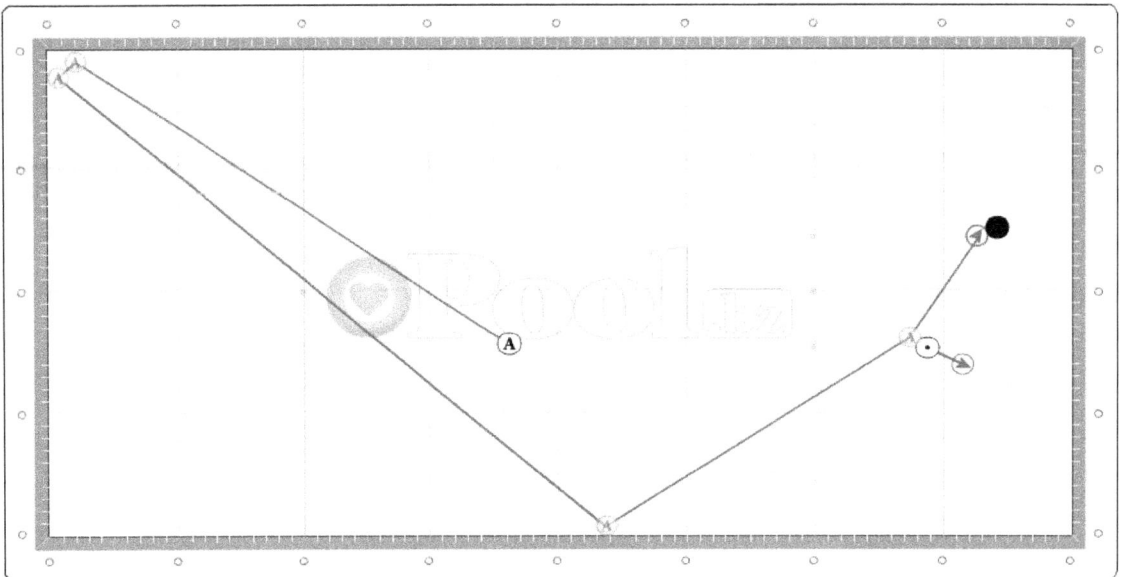

D: Groep 3

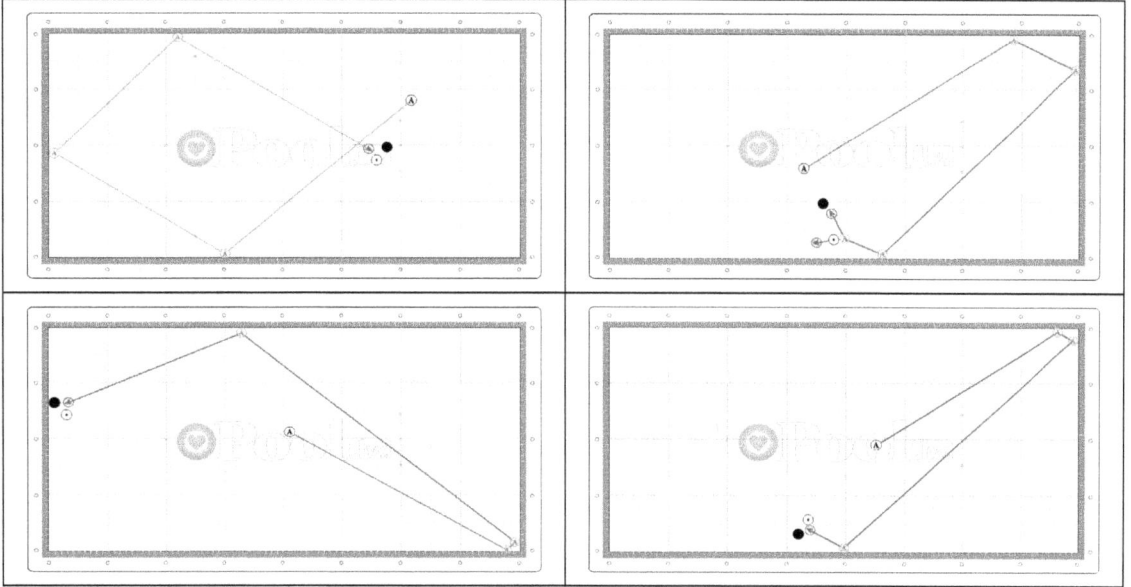

Analyse:

D:3a. _____

D:3b. _____

D:3c. _____

D:3d. _____

D:3a – Opstelling

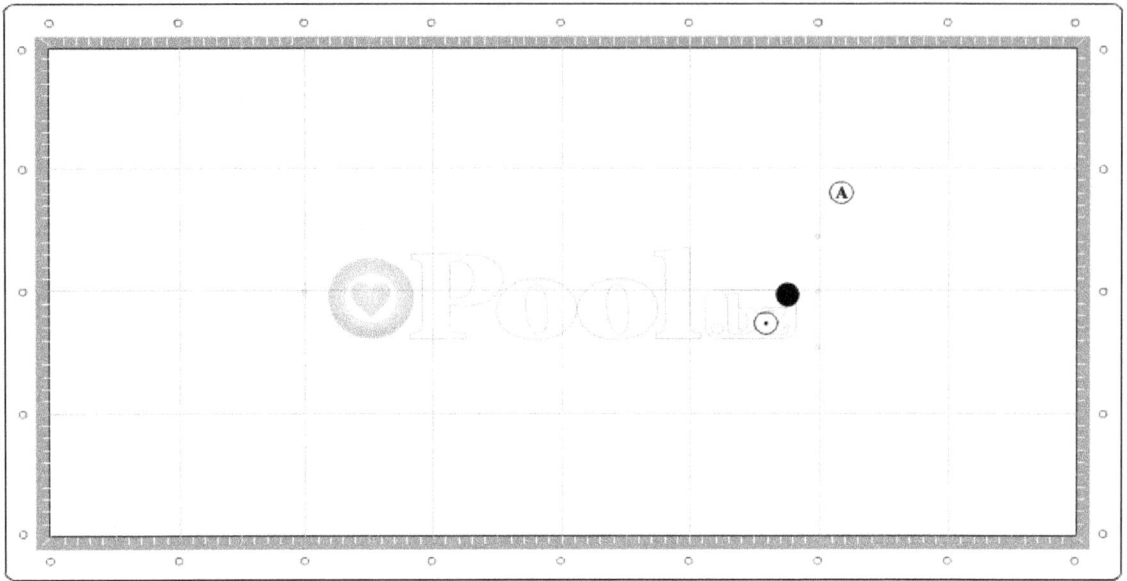

Opmerkingen en ideeën:

Schotpatroon

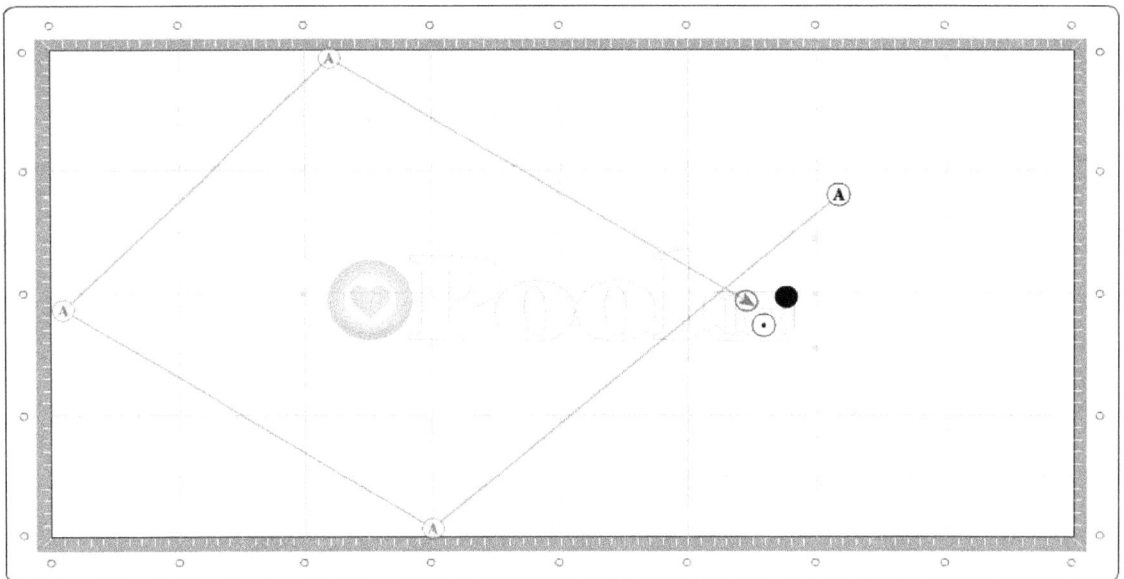

D:3b – Opstelling

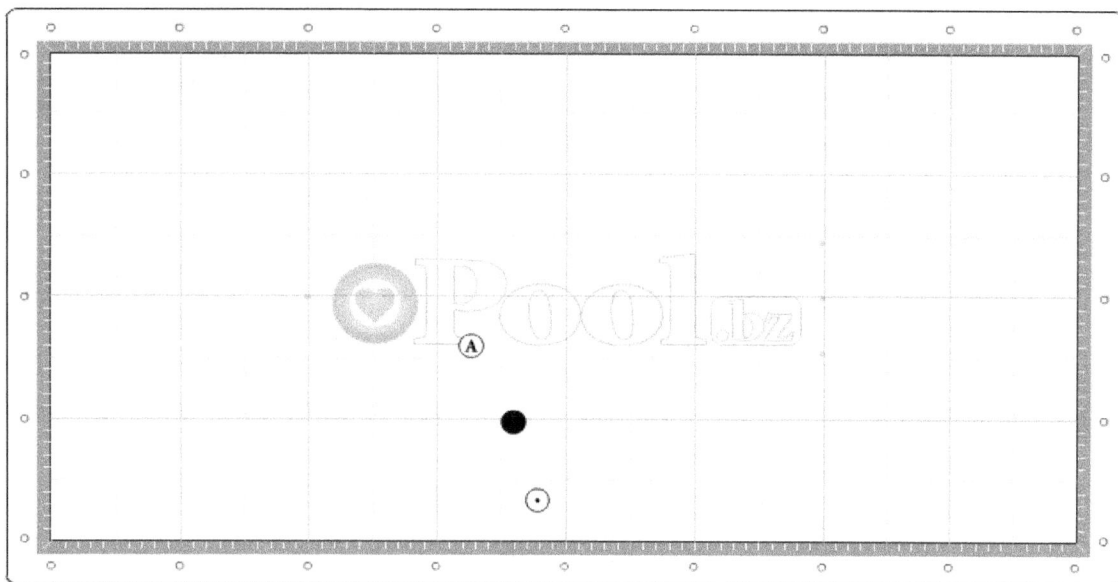

Opmerkingen en ideeën:

Schotpatroon

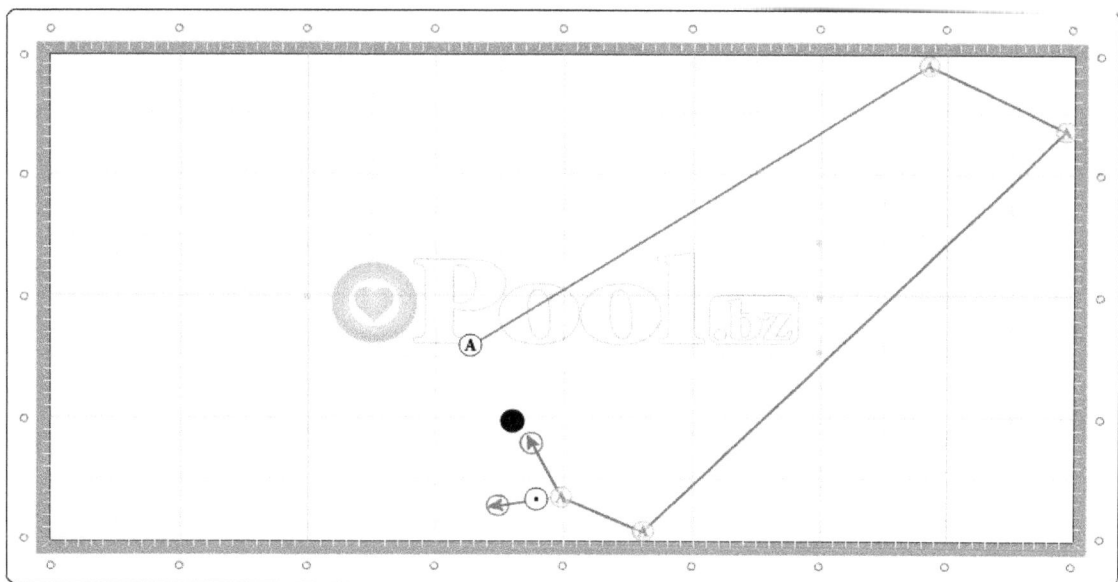

D:3c – Opstelling

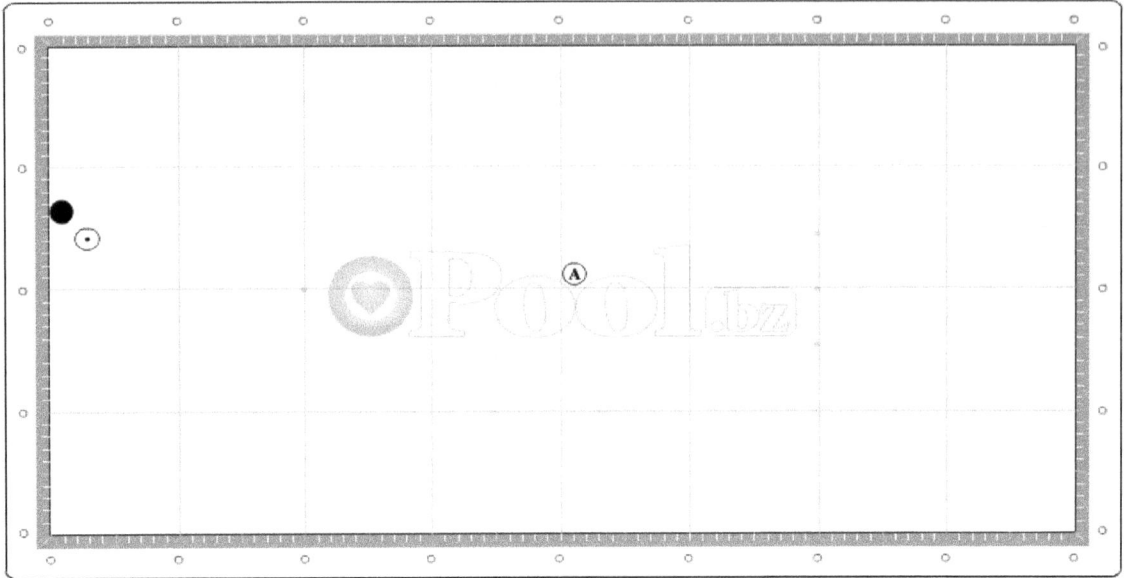

Opmerkingen en ideeën:

Schotpatroon

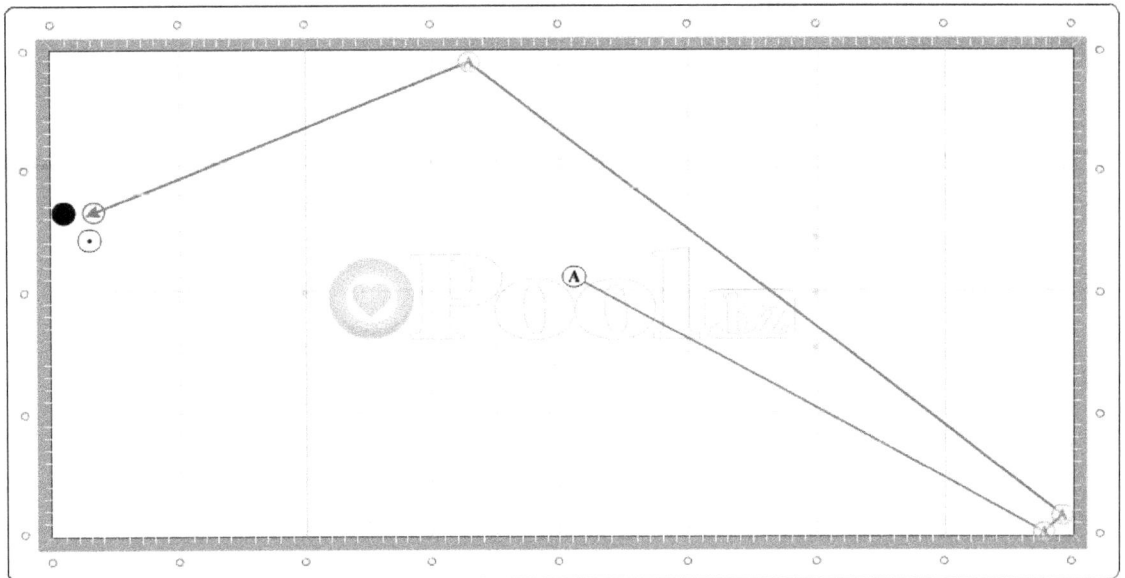

D:3d – Opstelling

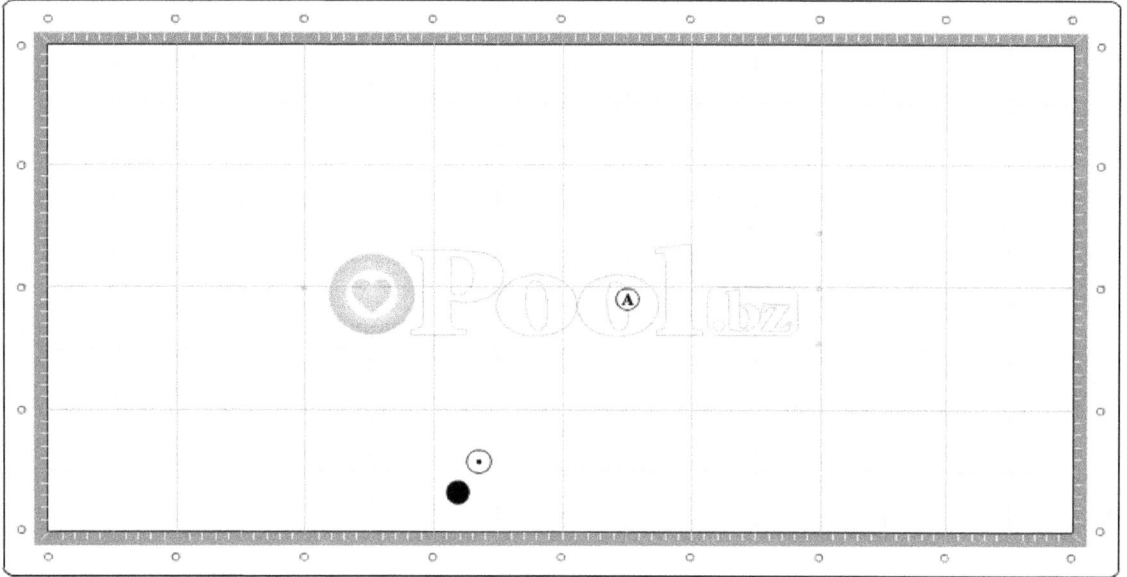

Opmerkingen en ideeën:

Schotpatroon

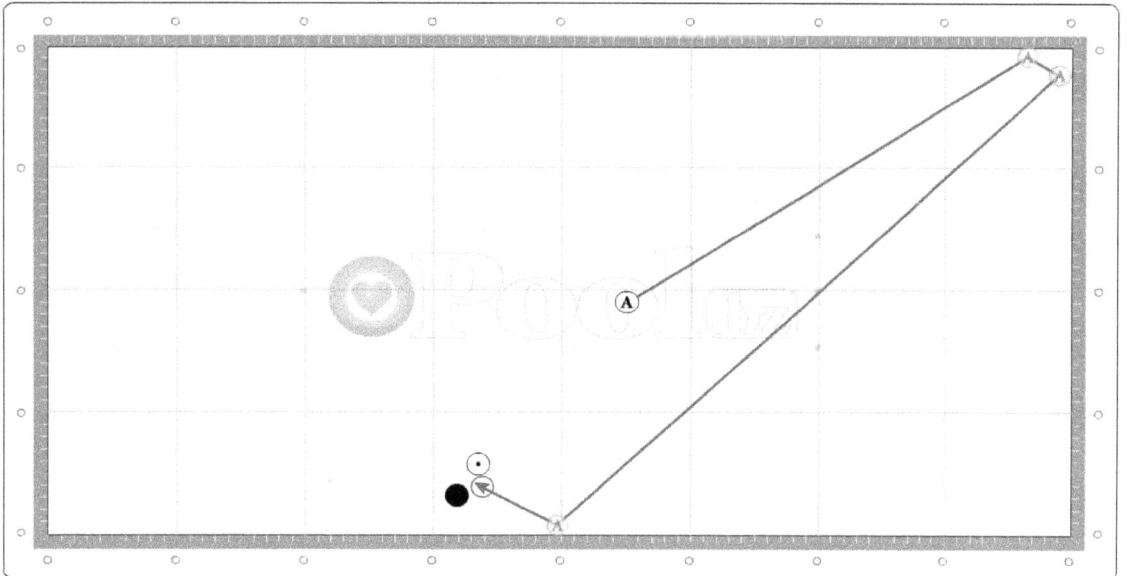

D: Groep 4

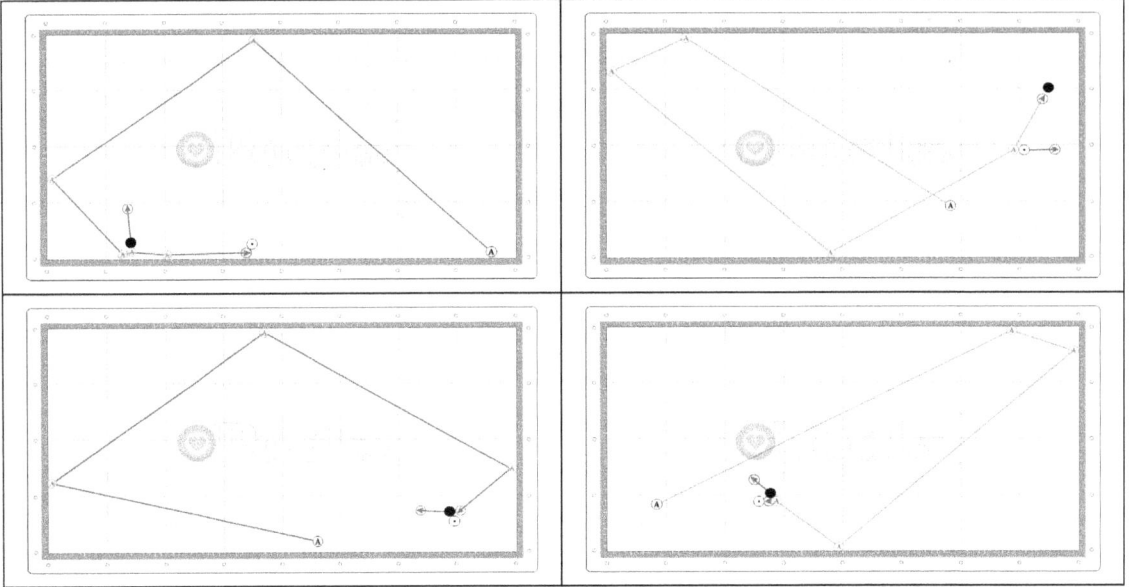

Analyse:

D:4a. _____

D:4b. _____

D:4c. _____

D:4d. _____

D:4a – Opstelling

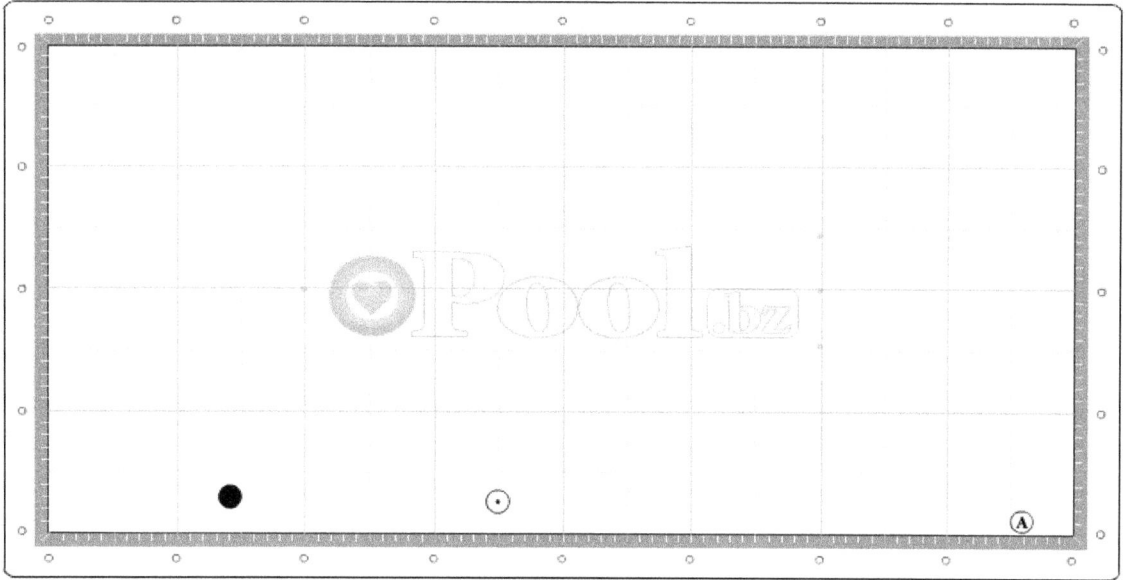

Opmerkingen en ideeën:

Schotpatroon

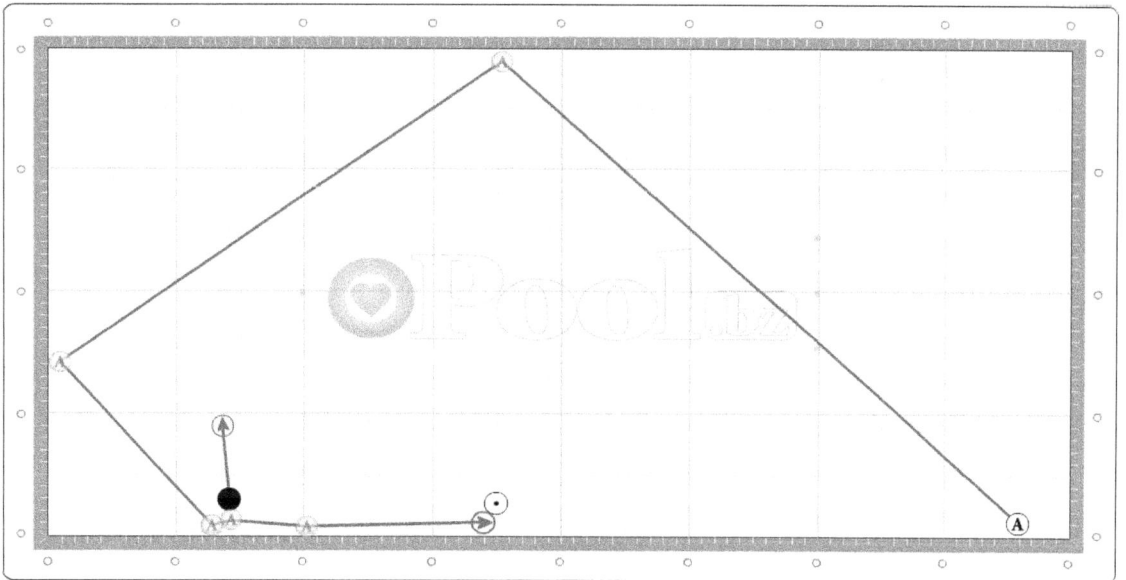

D:4b – Opstelling

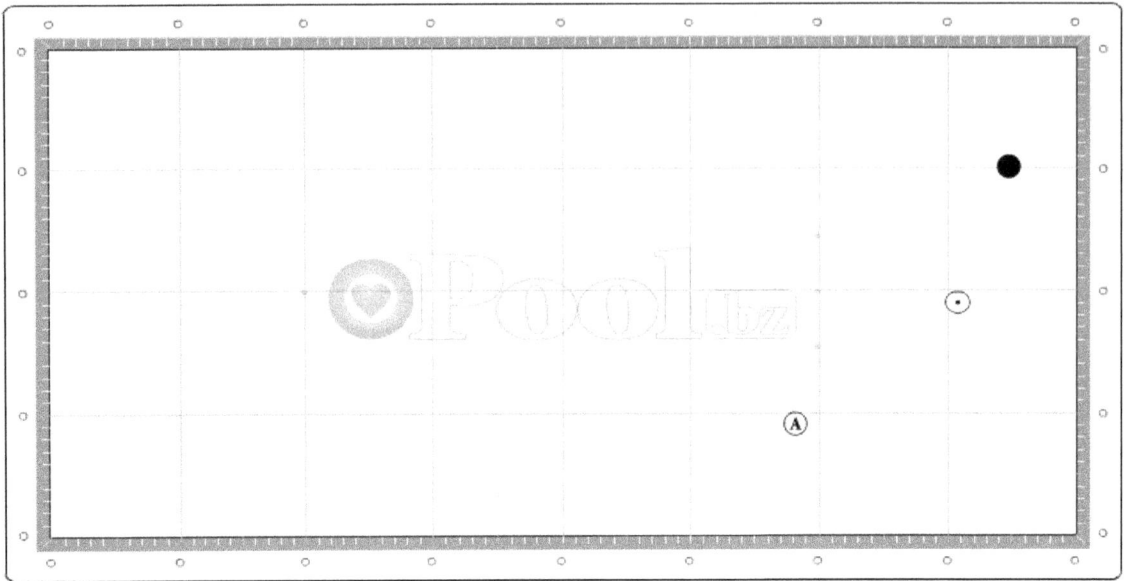

Opmerkingen en ideeën:

Schotpatroon

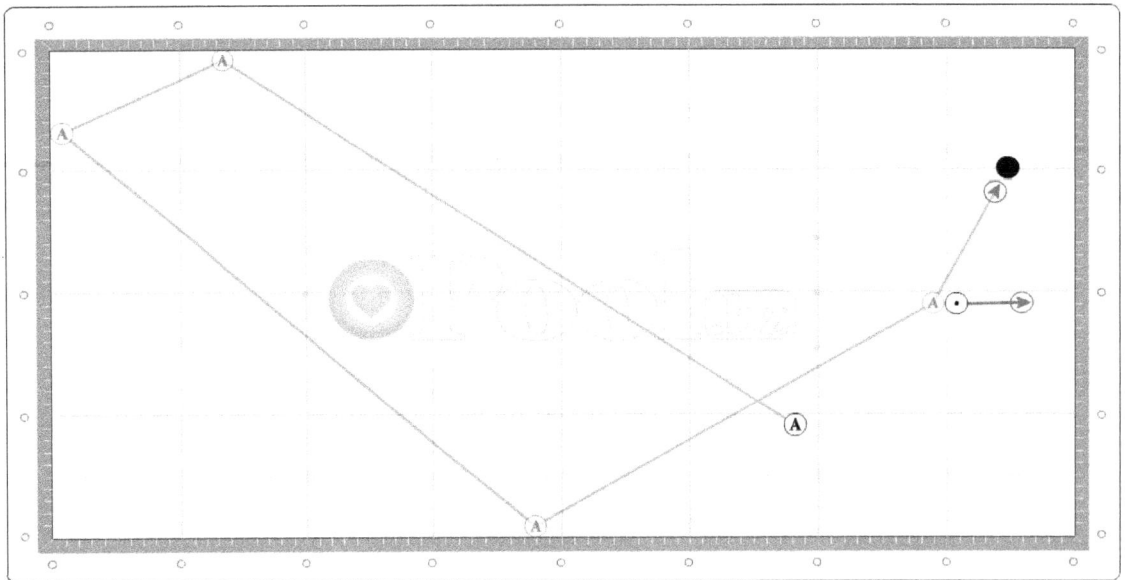

D:4c – Opstelling

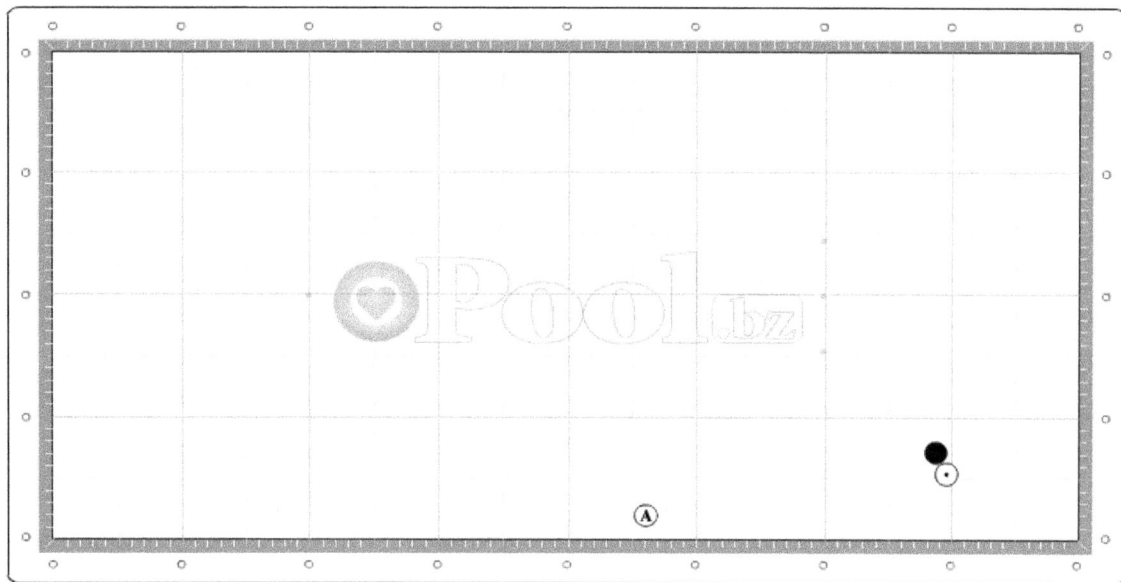

Opmerkingen en ideeën:

Schotpatroon

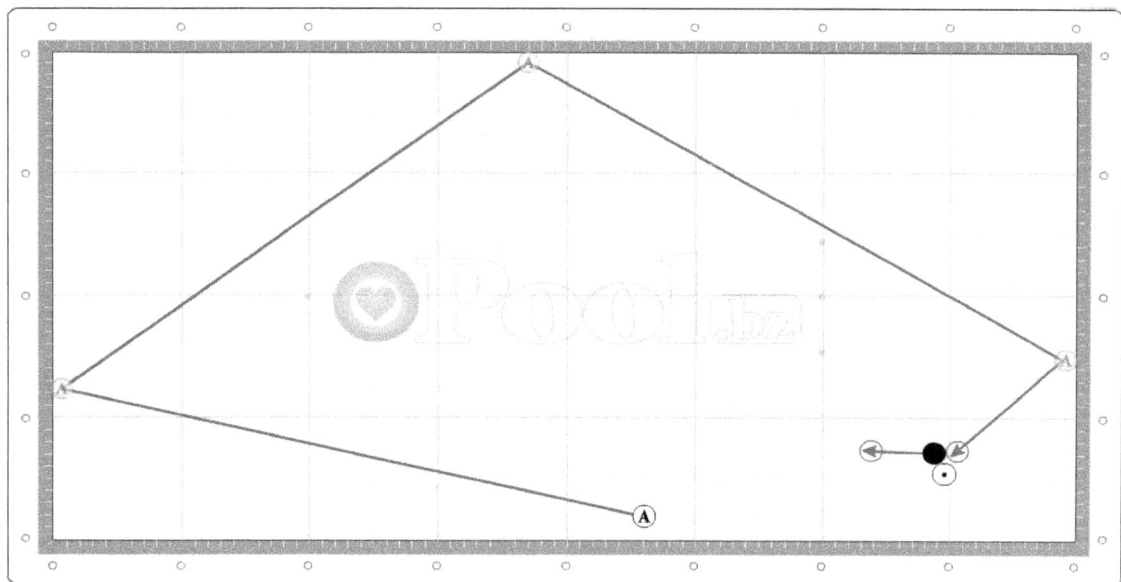

D:4d – Opstelling

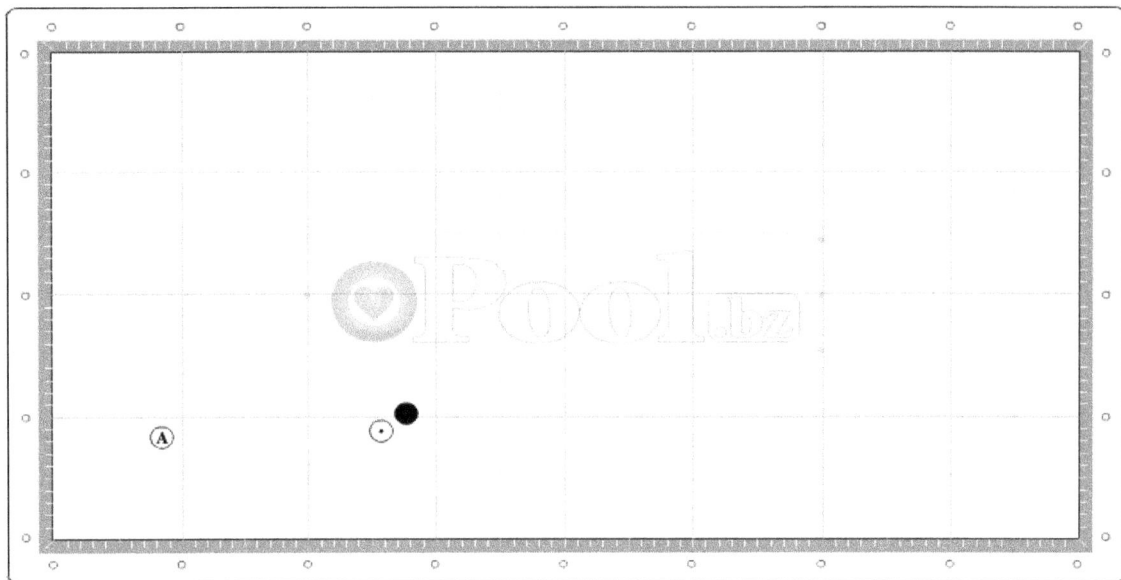

Opmerkingen en ideeën:

Schotpatroon

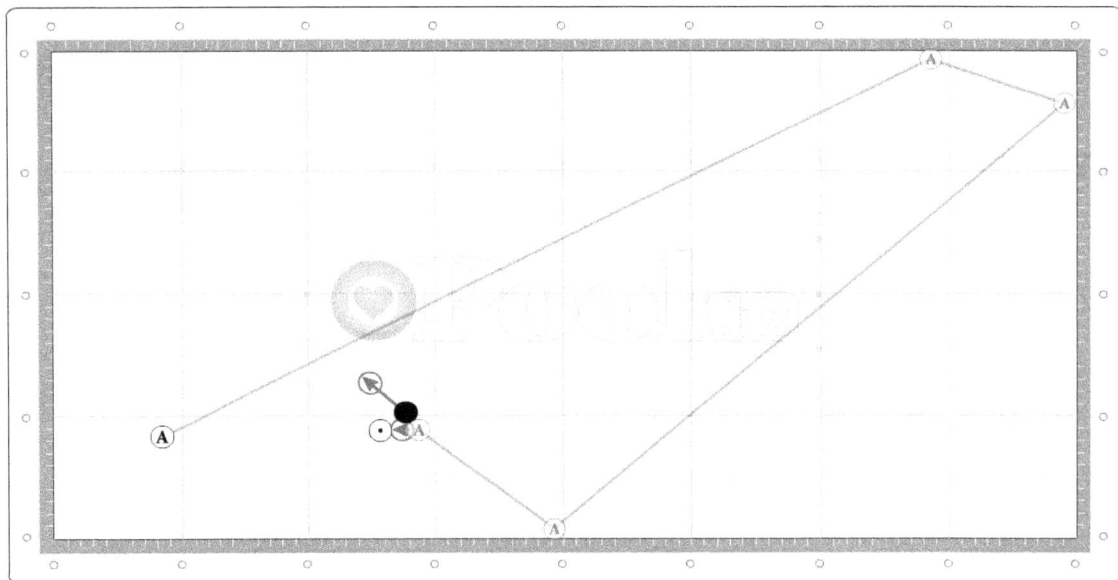

D: Groep 5

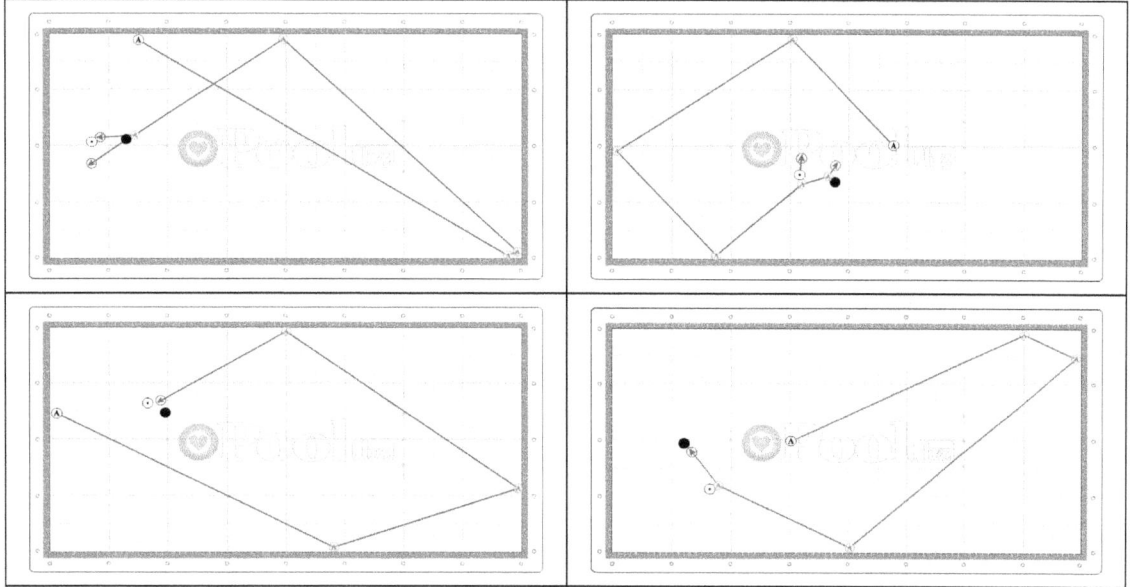

Analyse:

D:5a. _____

D:5b. _____

D:5c. _____

D:5d. _____

D:5a – Opstelling

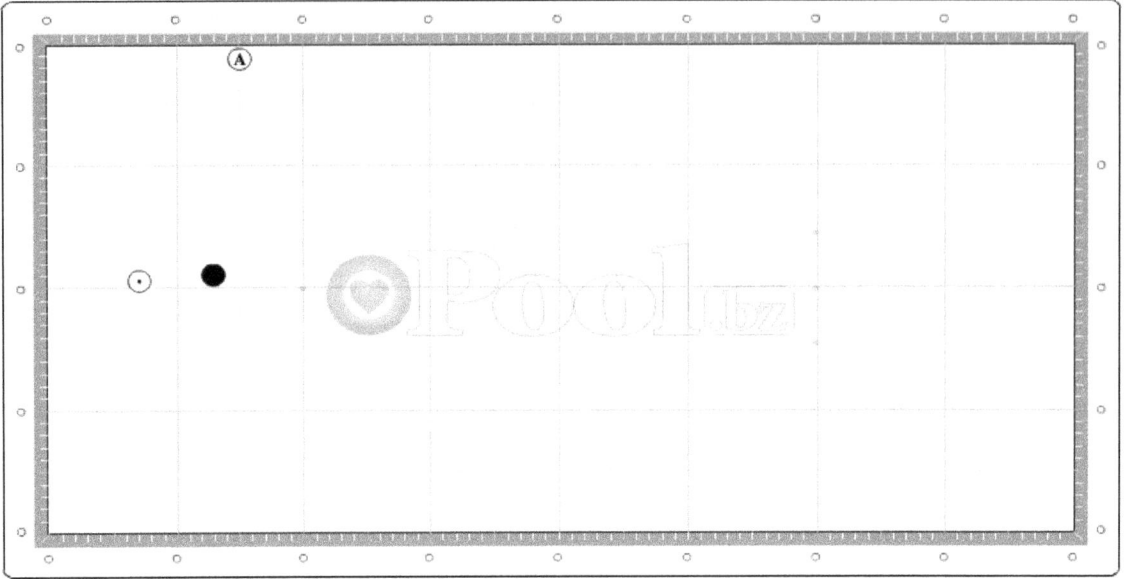

Opmerkingen en ideeën:

Schotpatroon

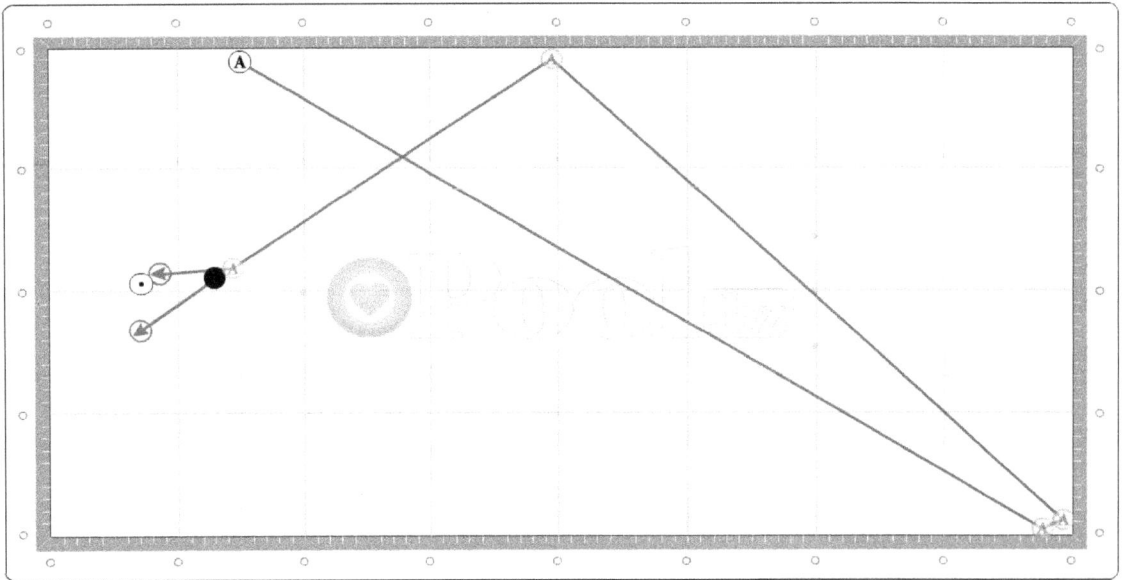

D:5b – Opstelling

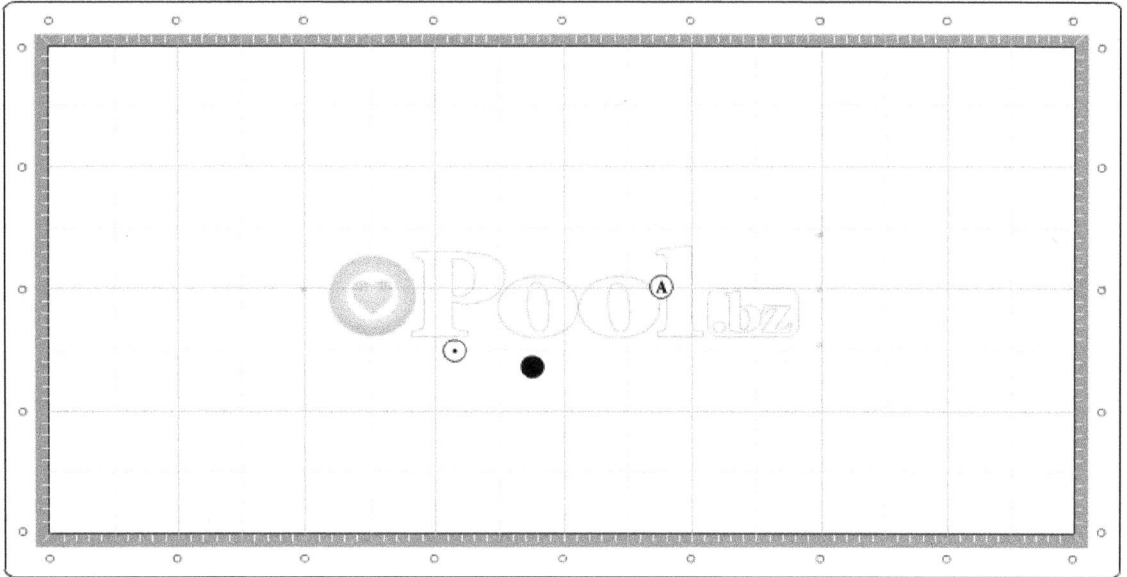

Opmerkingen en ideeën:

Schotpatroon

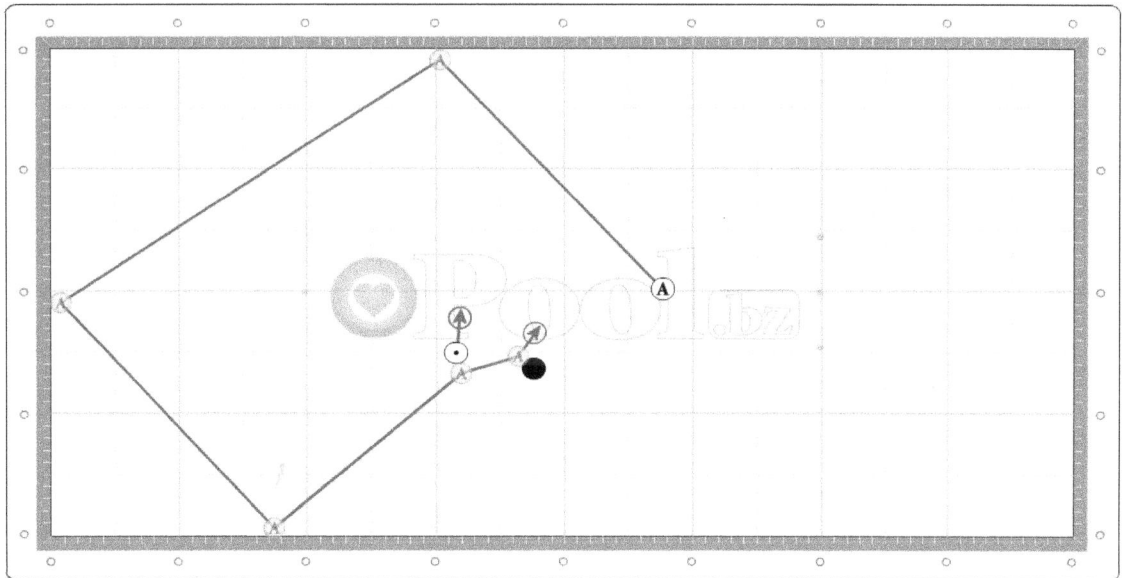

D:5c – Opstelling

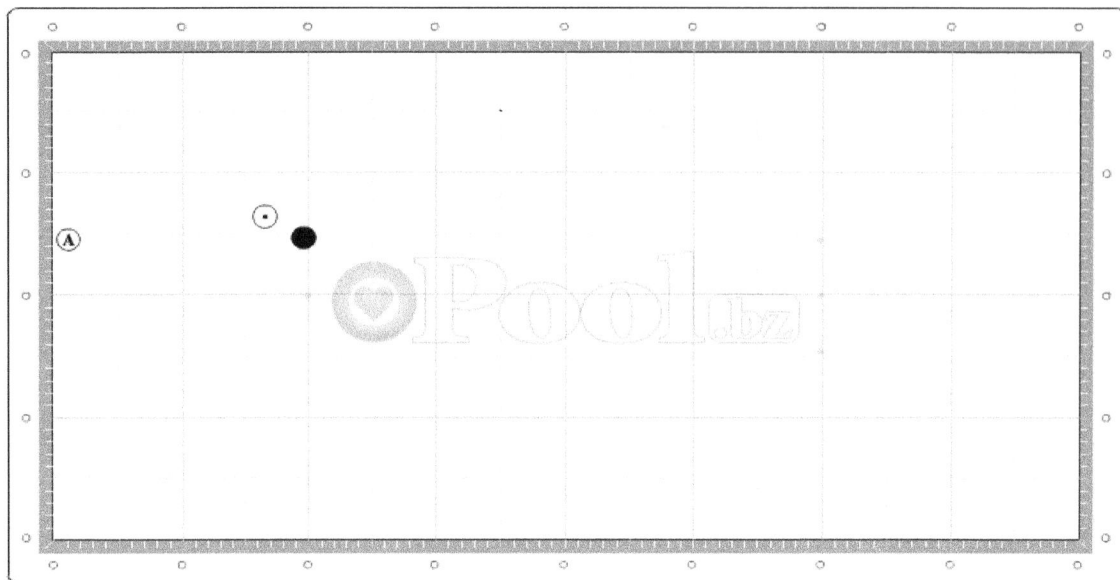

Opmerkingen en ideeën:

Schotpatroon

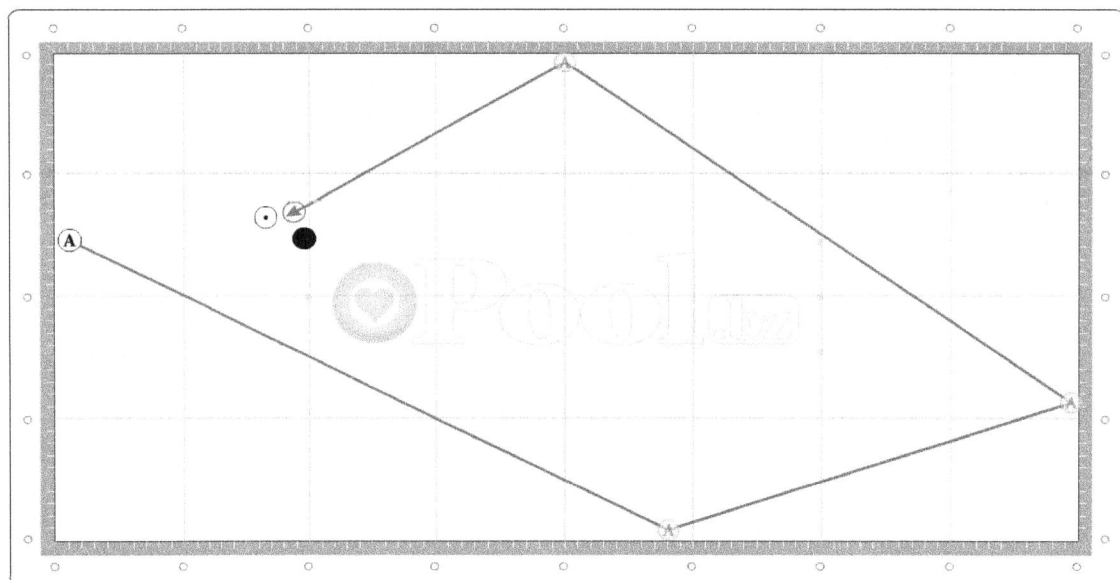

D:5d – Opstelling

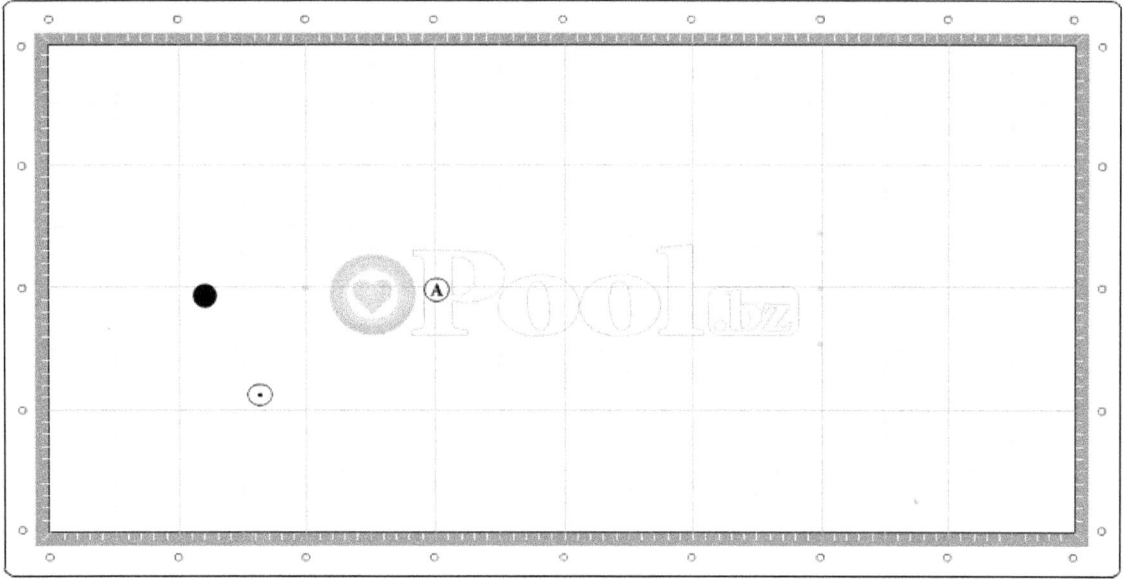

Opmerkingen en ideeën:

Schotpatroon

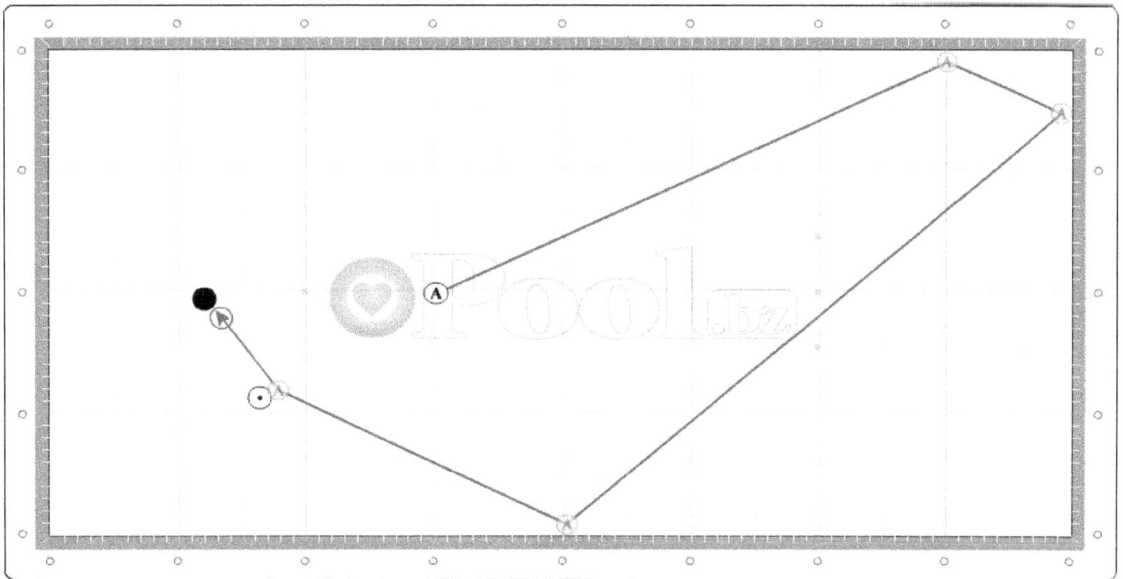

D: Groep 6

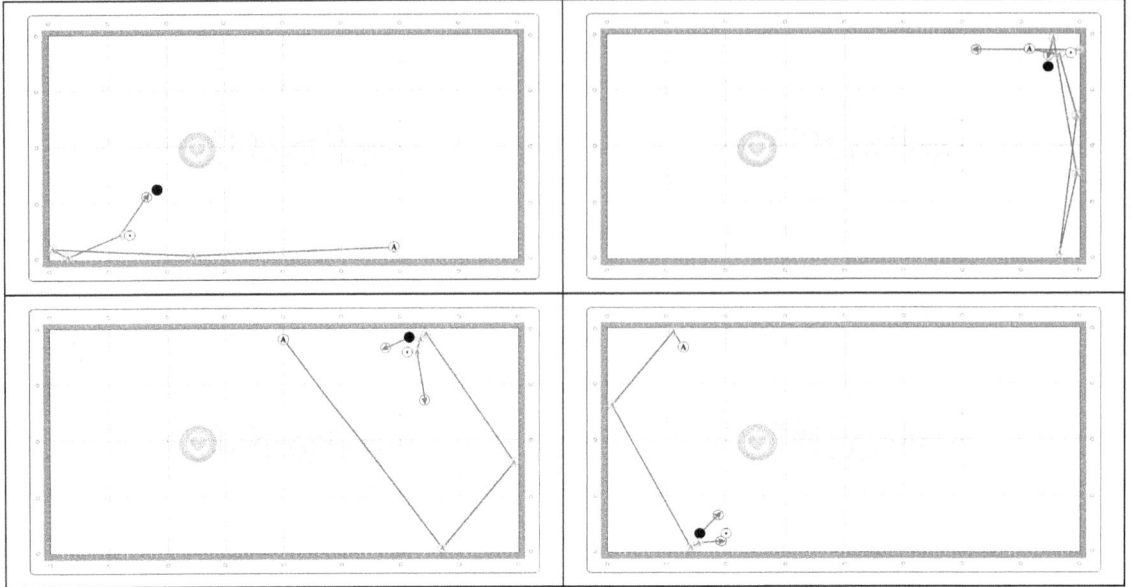

Analyse:

D:6a. _____

D:6b. _____

D:6c. _____

D:6d. _____

D:6a – Opstelling

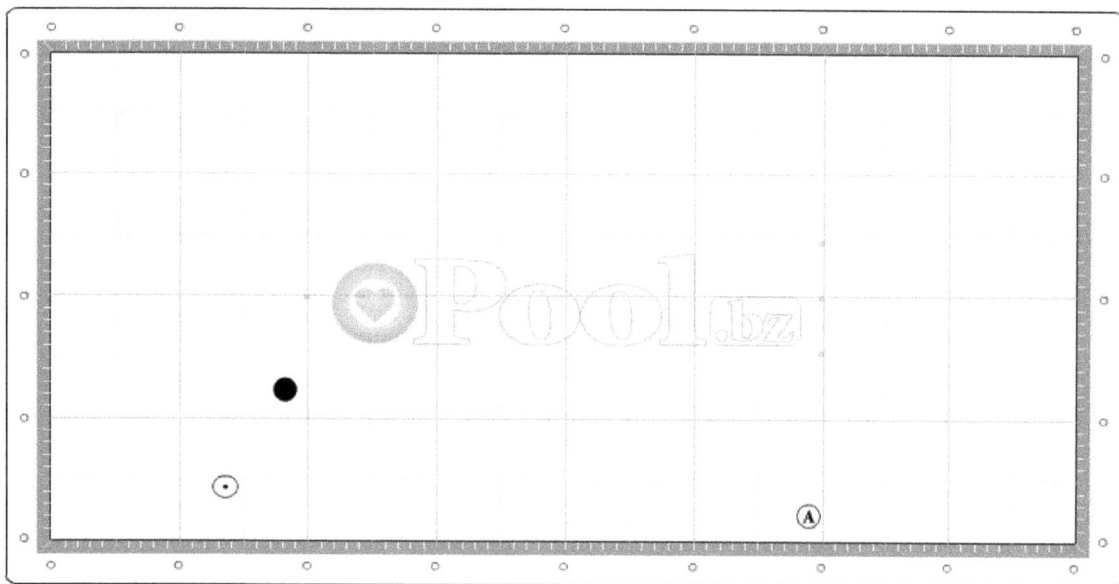

Opmerkingen en ideeën:

Schotpatroon

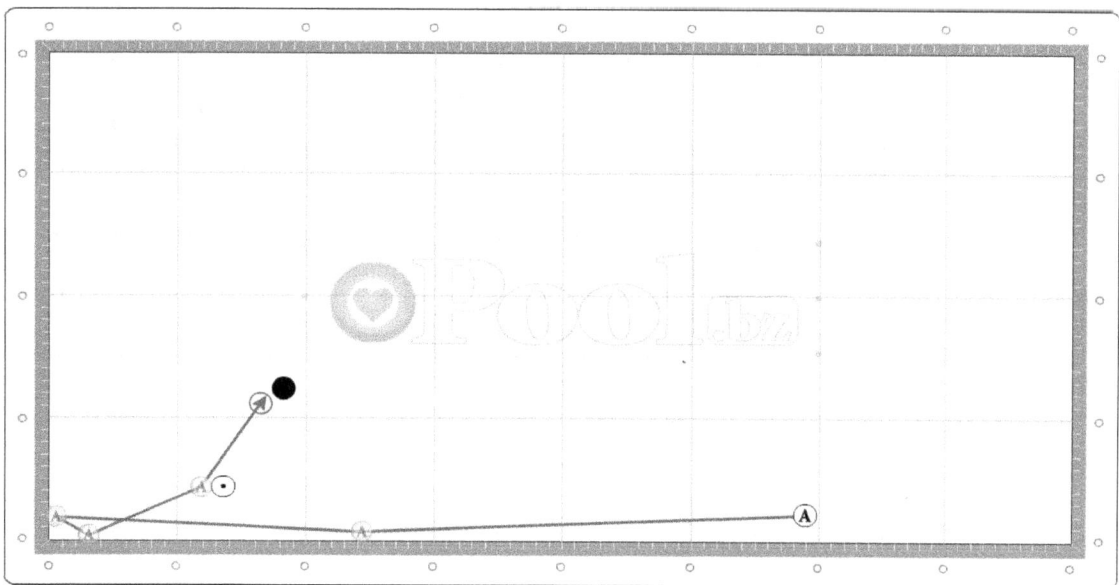

D:6b – Opstelling

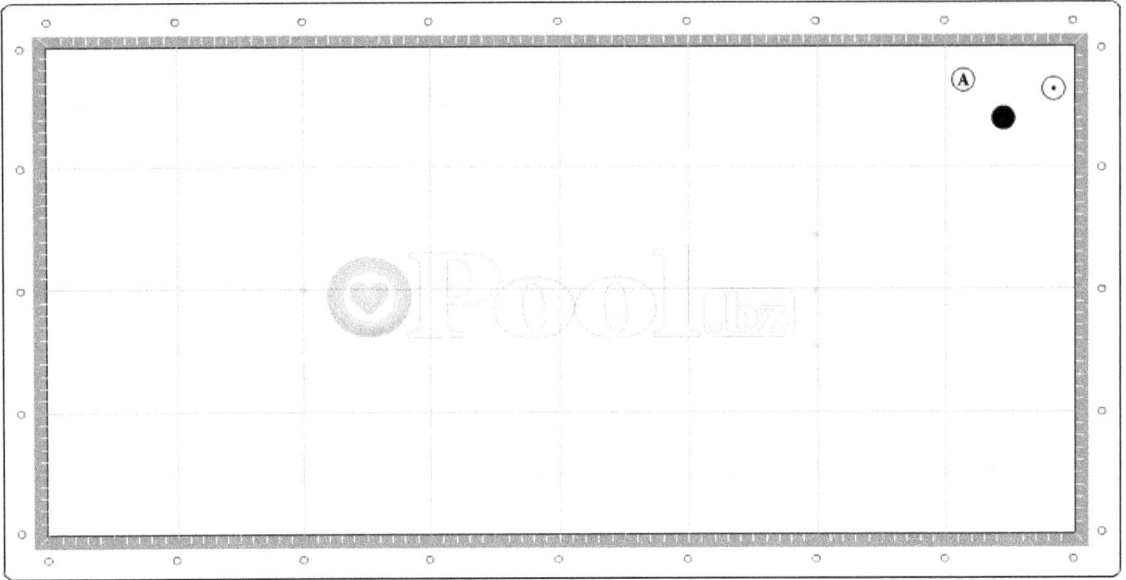

Opmerkingen en ideeën:

Schotpatroon

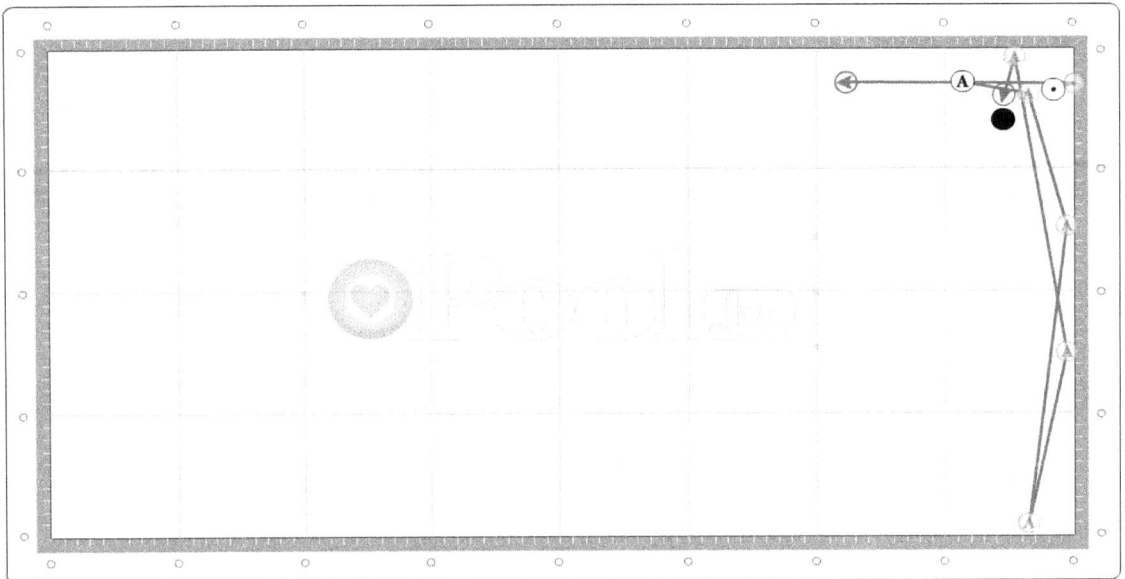

D:6c – Opstelling

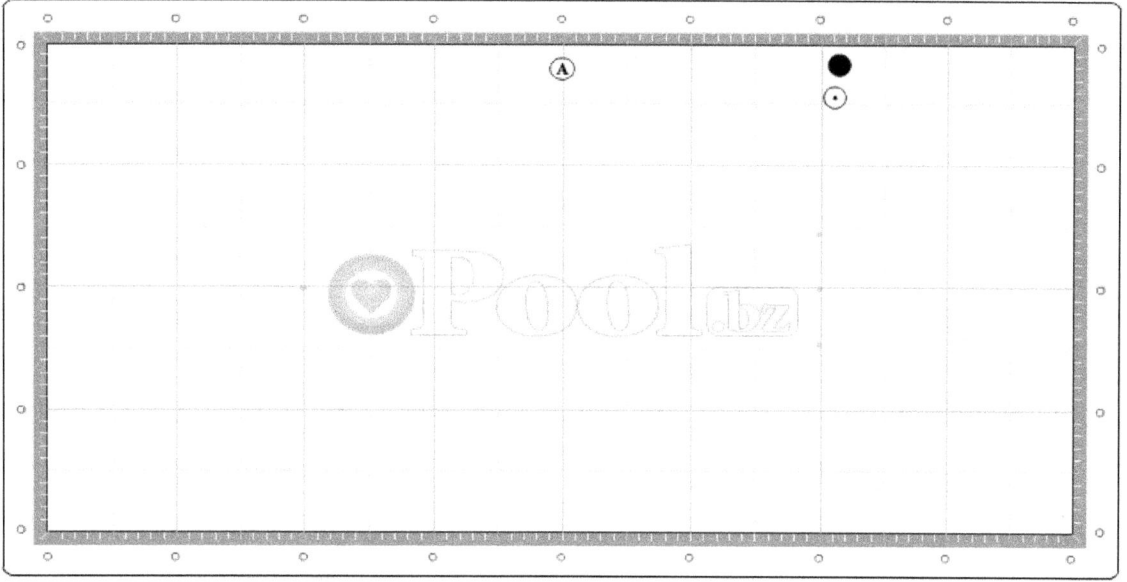

Opmerkingen en ideeën:

Schotpatroon

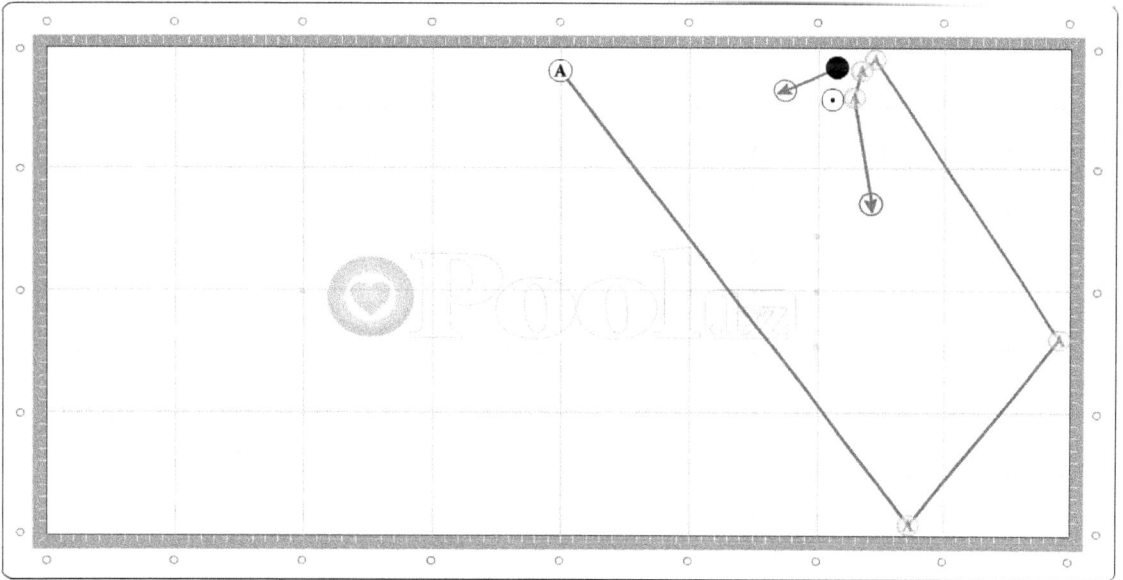

D:6d – Opstelling

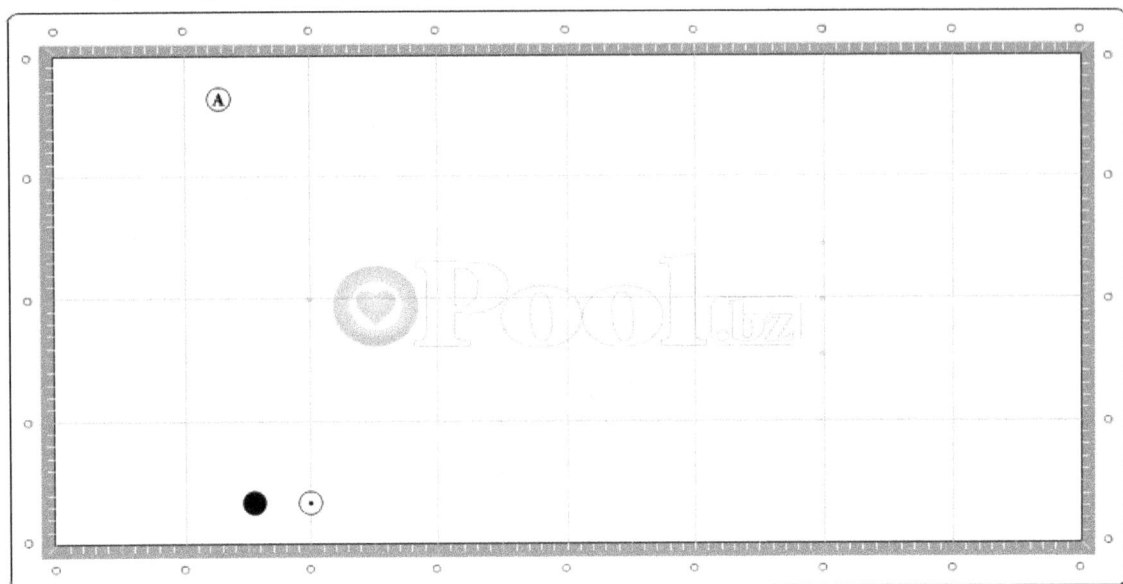

Opmerkingen en ideeën:

Schotpatroon

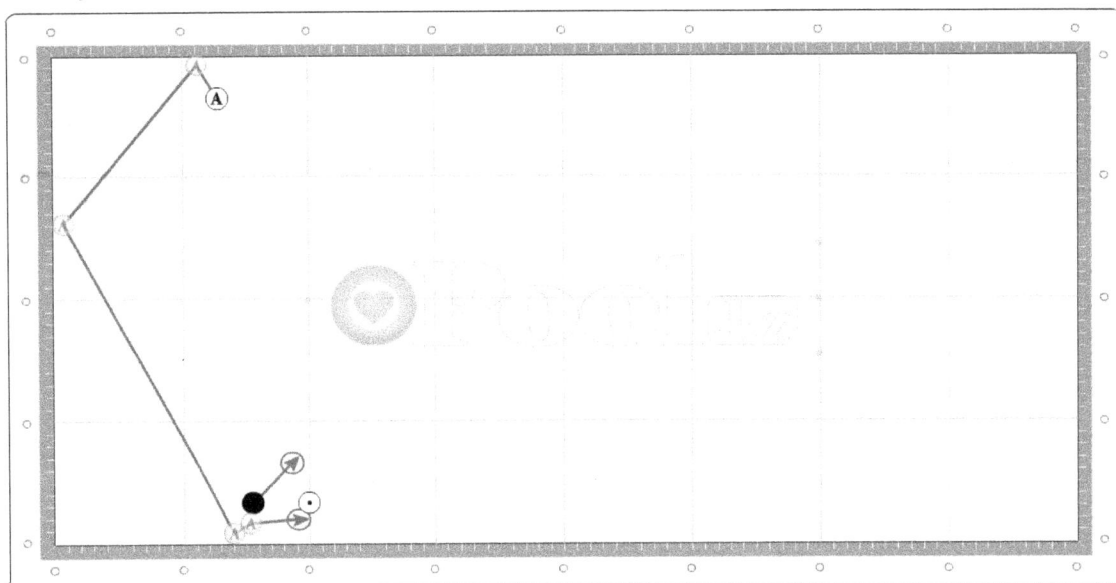

E: 3 biljartbandeneerst, serie 2

Dit zijn meer eerste situaties met drie biljartbanden.

(A) (CB) (uw biljartbal) – (•) (OB) (tegenstander biljartbal) – ⬤ (OB) (rode biljartbal)

E: Groep 1

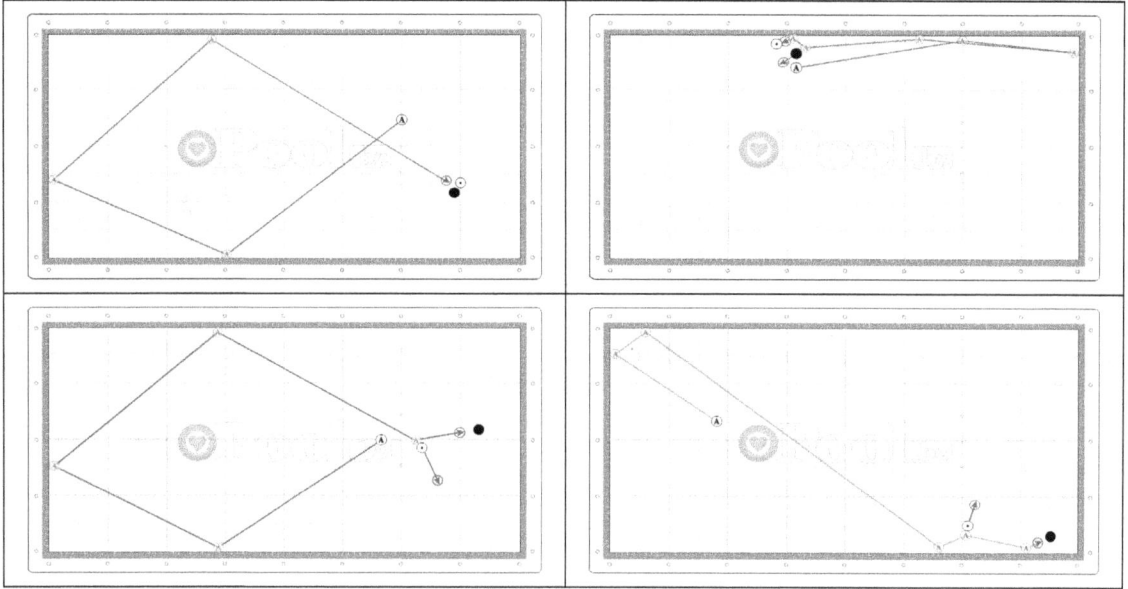

Analyse:

E:1a. _____

E:1b. _____

E:1c. _____

E:1d. _____

E:1a – Opstelling

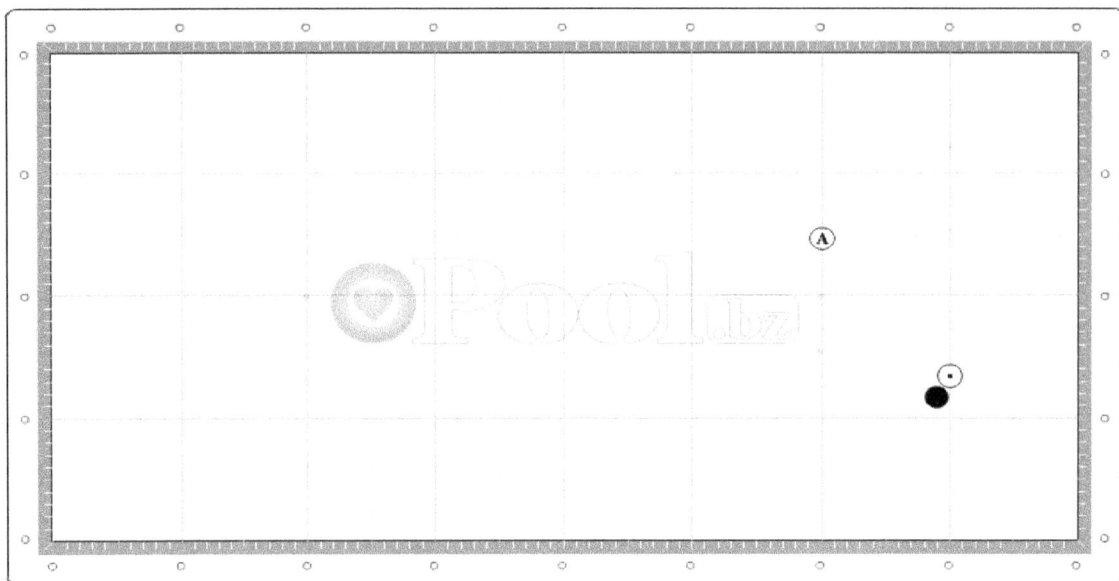

Opmerkingen en ideeën:

Schotpatroon

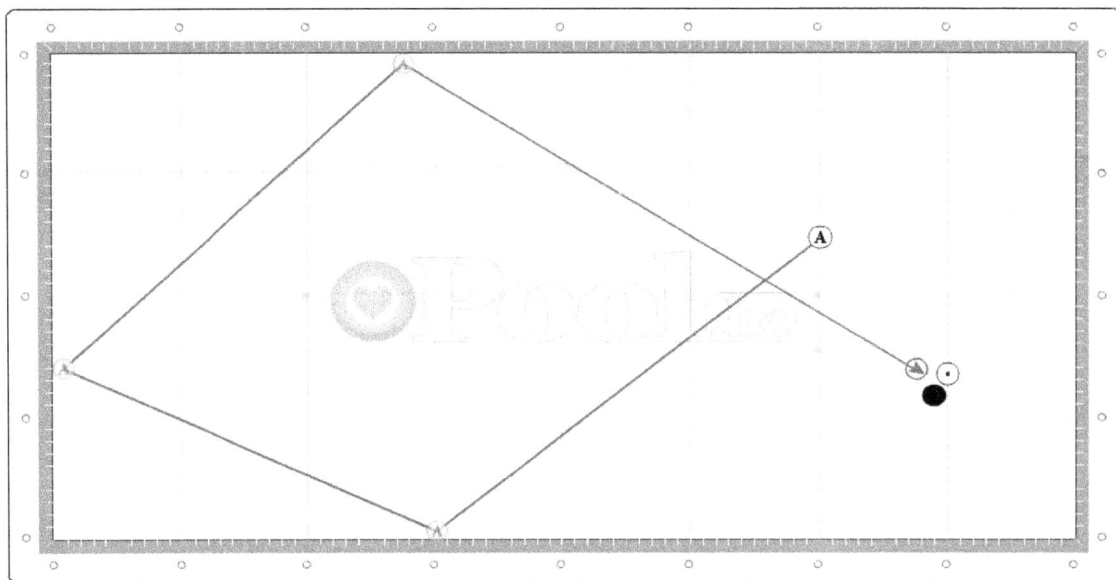

E:1b – Opstelling

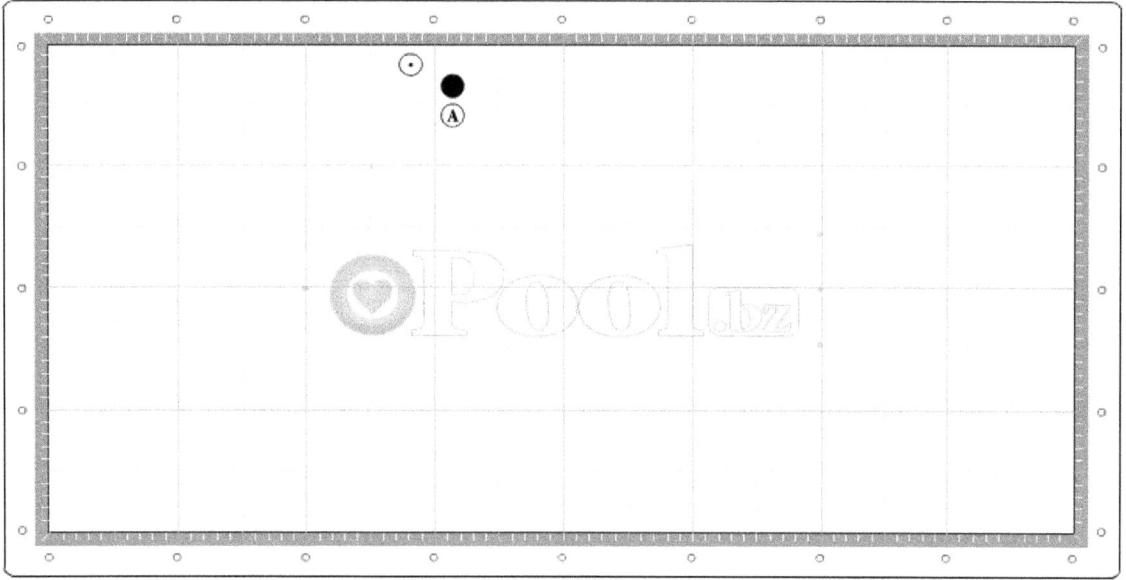

Opmerkingen en ideeën:

Schotpatroon

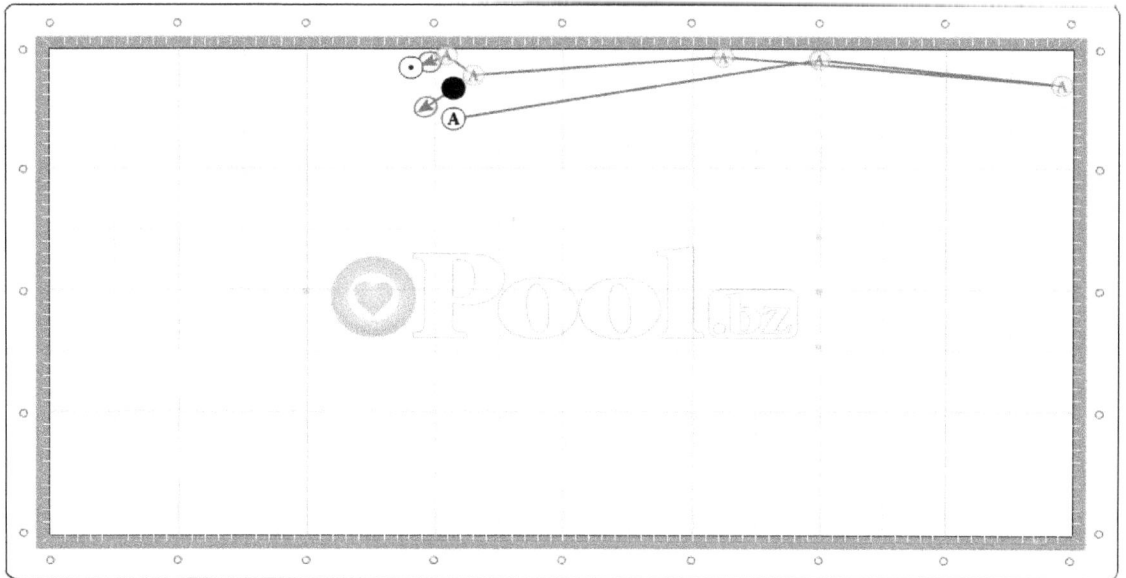

E:1c – Opstelling

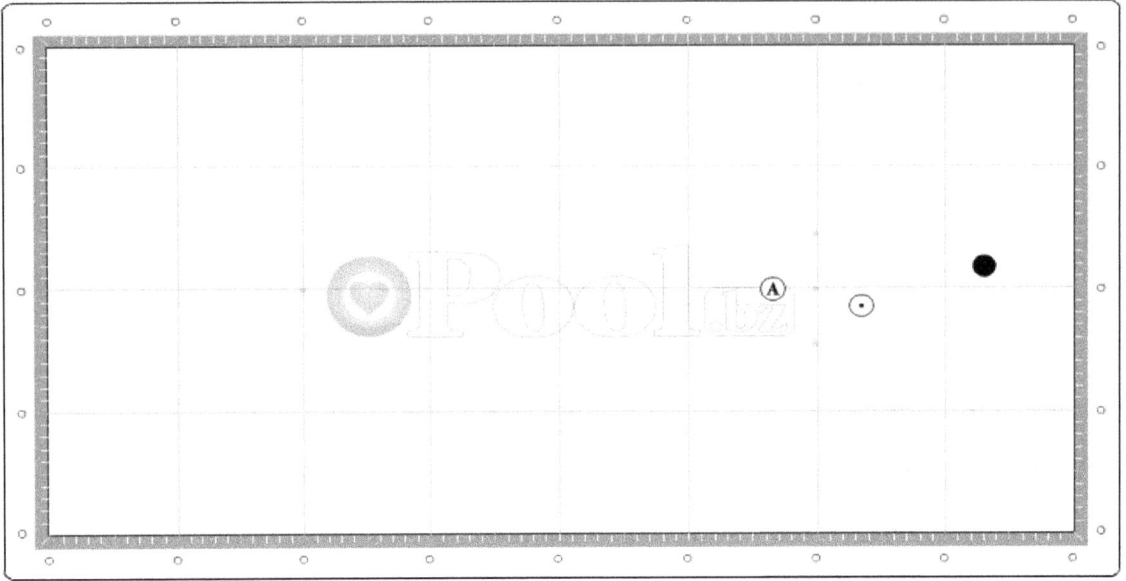

Opmerkingen en ideeën:

Schotpatroon

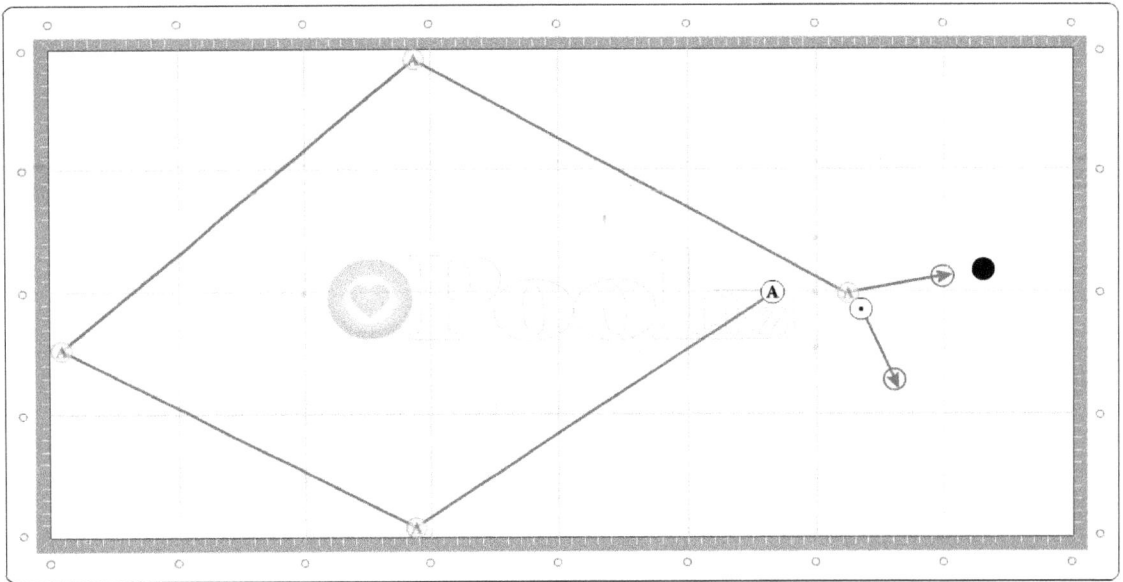

E:1d – Opstelling

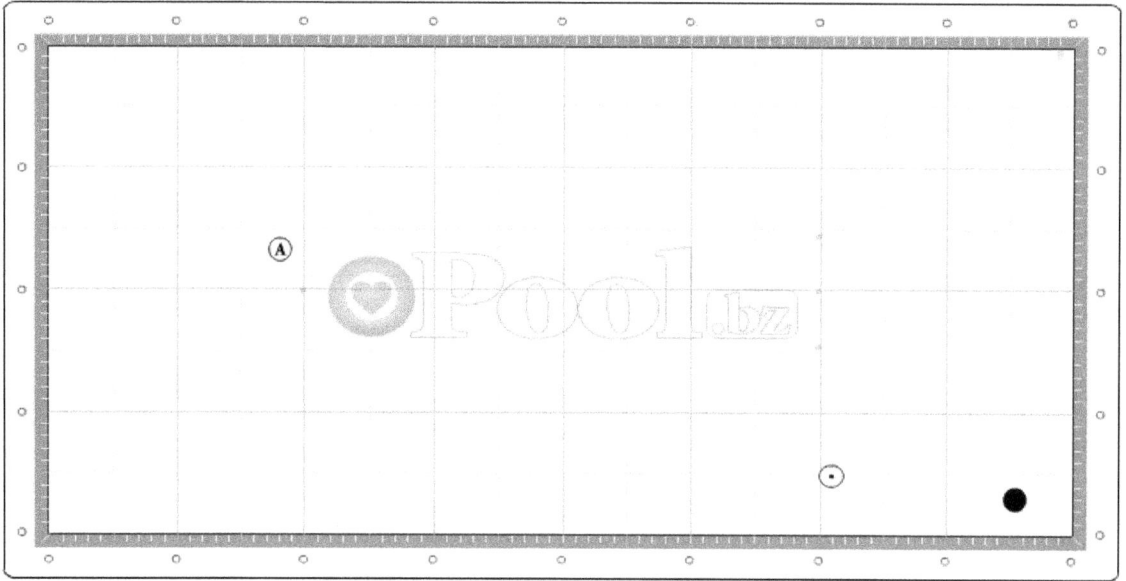

Opmerkingen en ideeën:

Schotpatroon

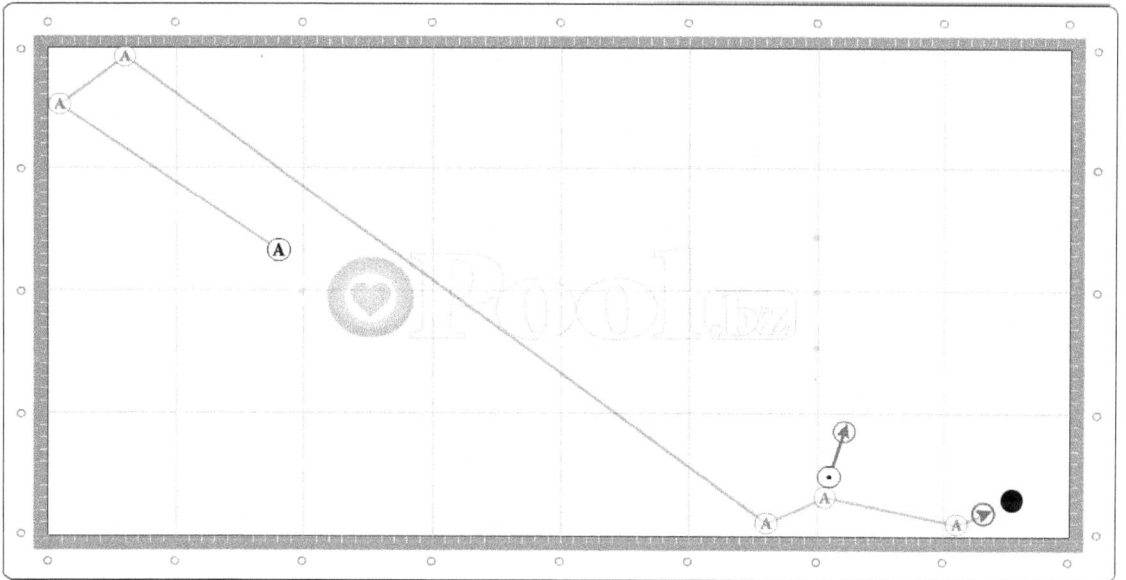

E: Groep 2

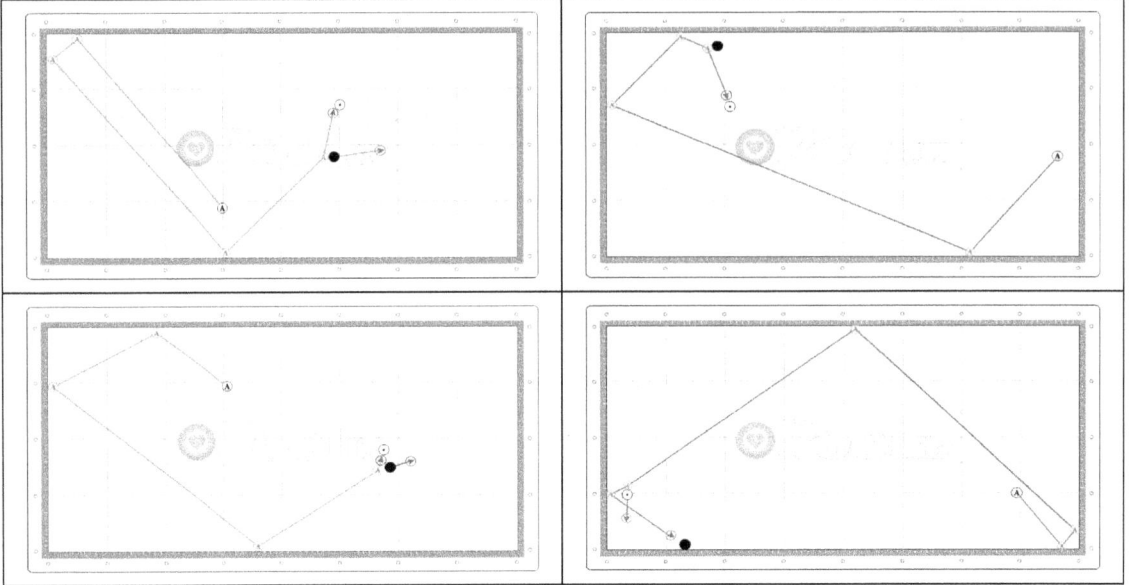

Analyse:

E:2a. _____

E:2b. _____

E:2c. _____

E:2d. _____

E:2a – Opstelling

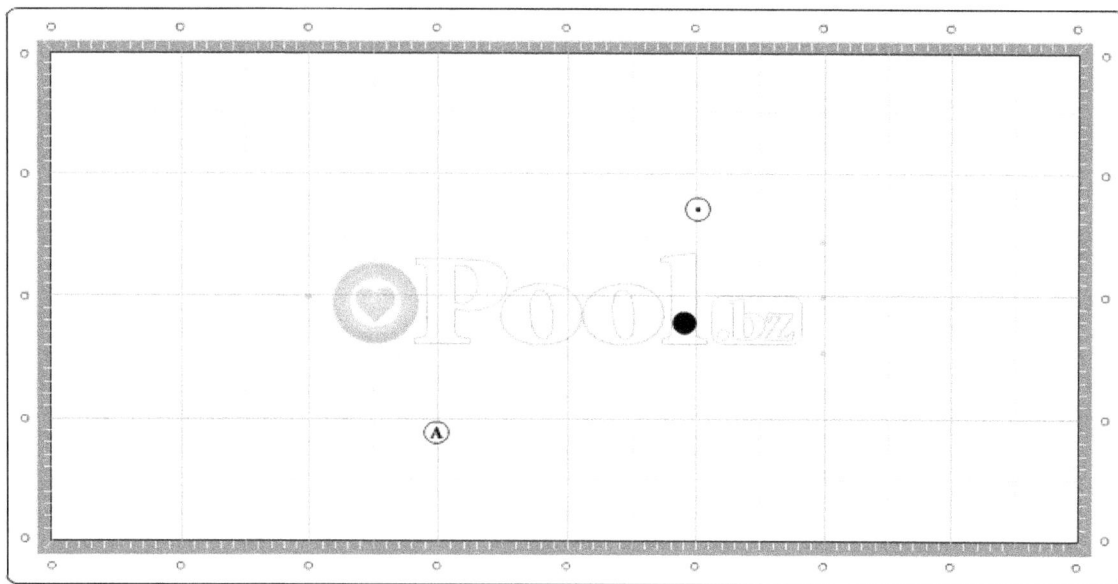

Opmerkingen en ideeën:

Schotpatroon

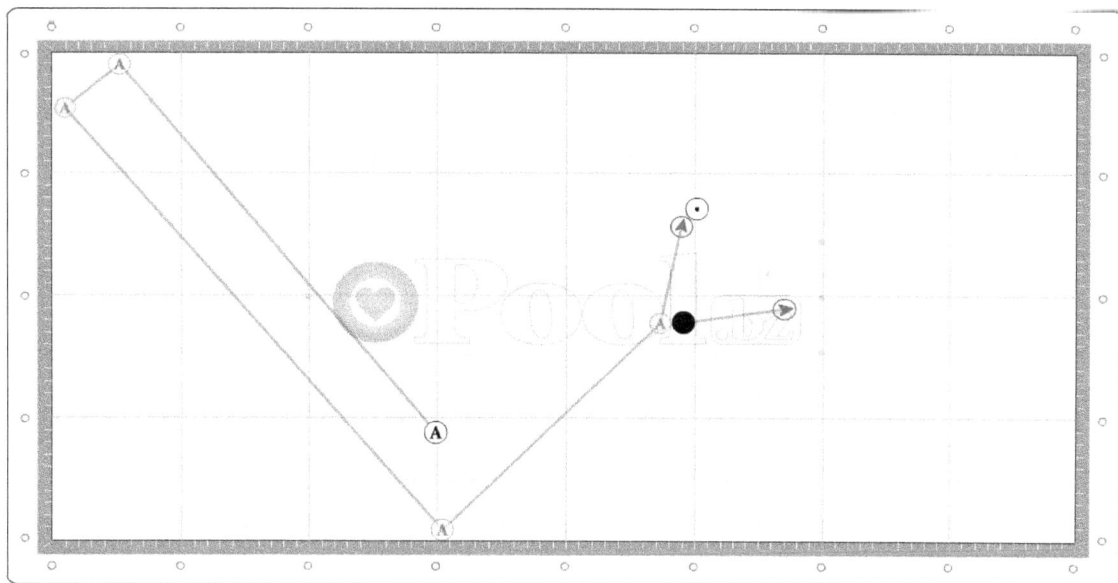

E:2b – Opstelling

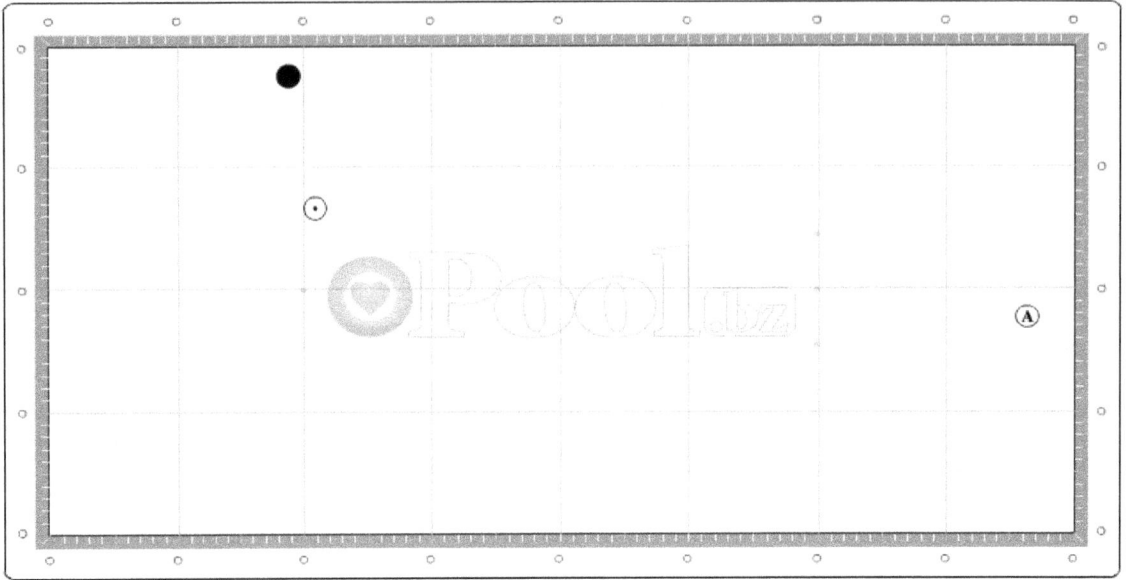

Opmerkingen en ideeën:

Schotpatroon

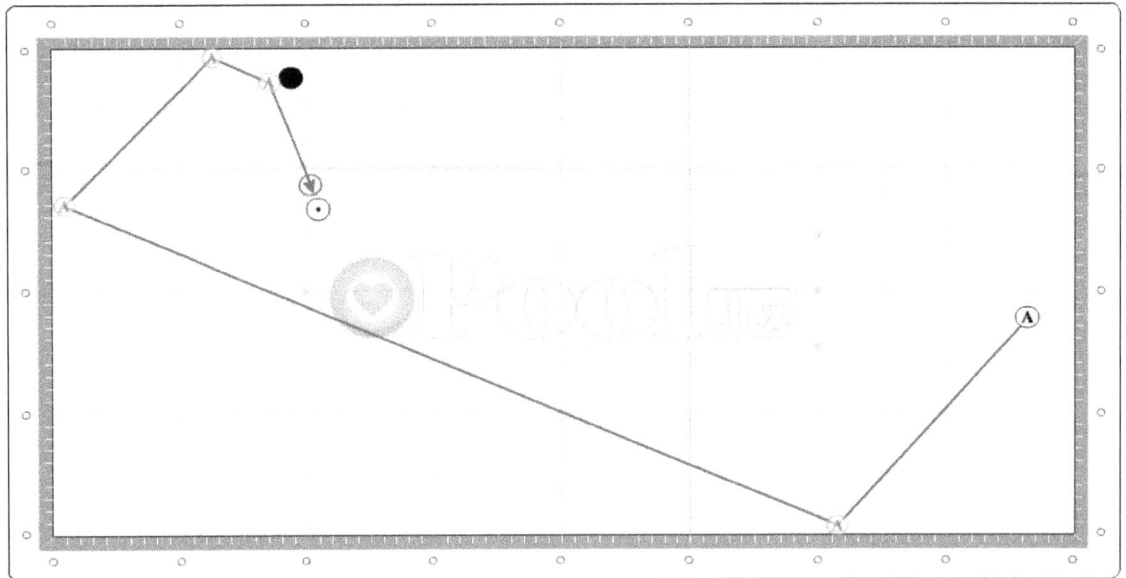

E:2c – Opstelling

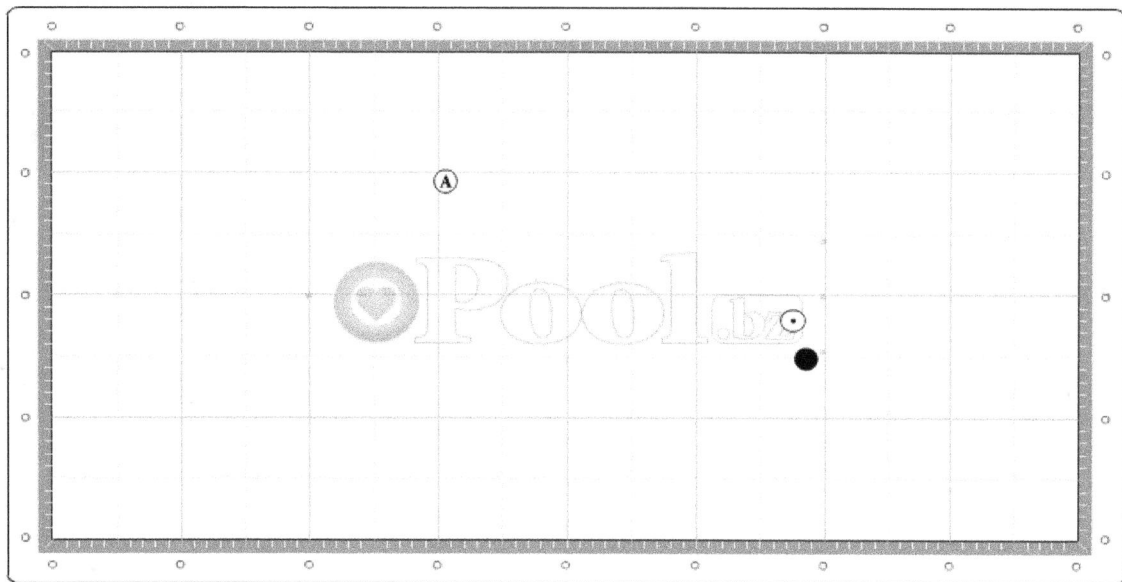

Opmerkingen en ideeën:

Schotpatroon

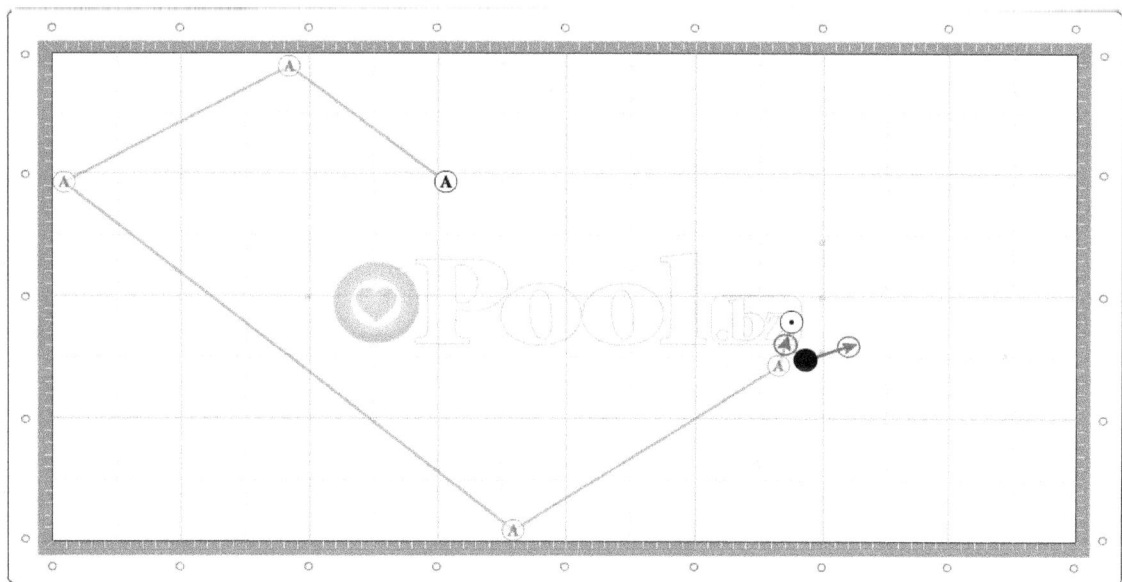

E:2d – Opstelling

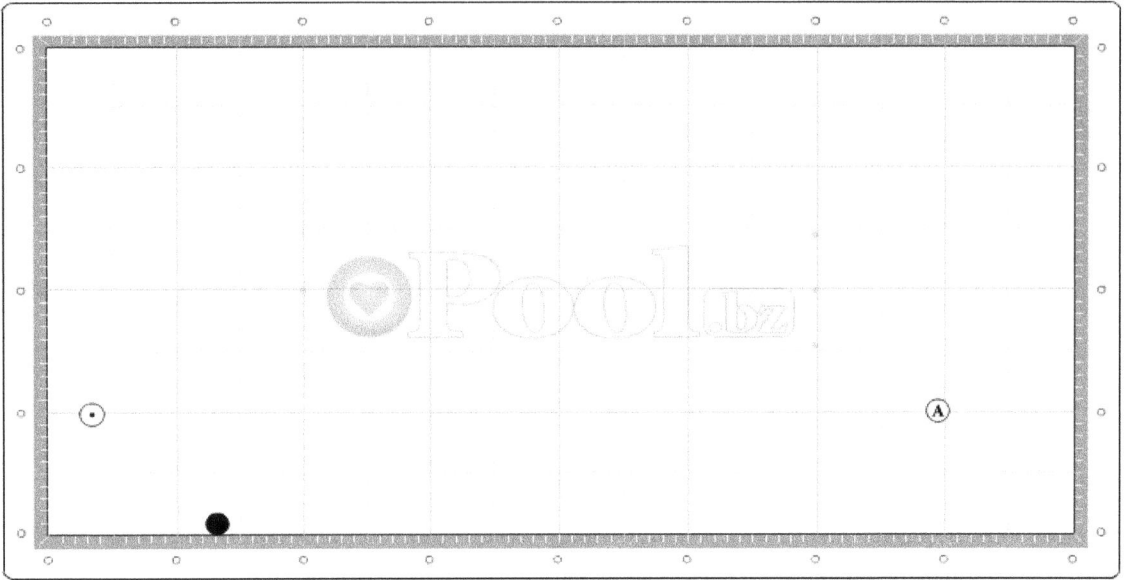

Opmerkingen en ideeën:

Schotpatroon

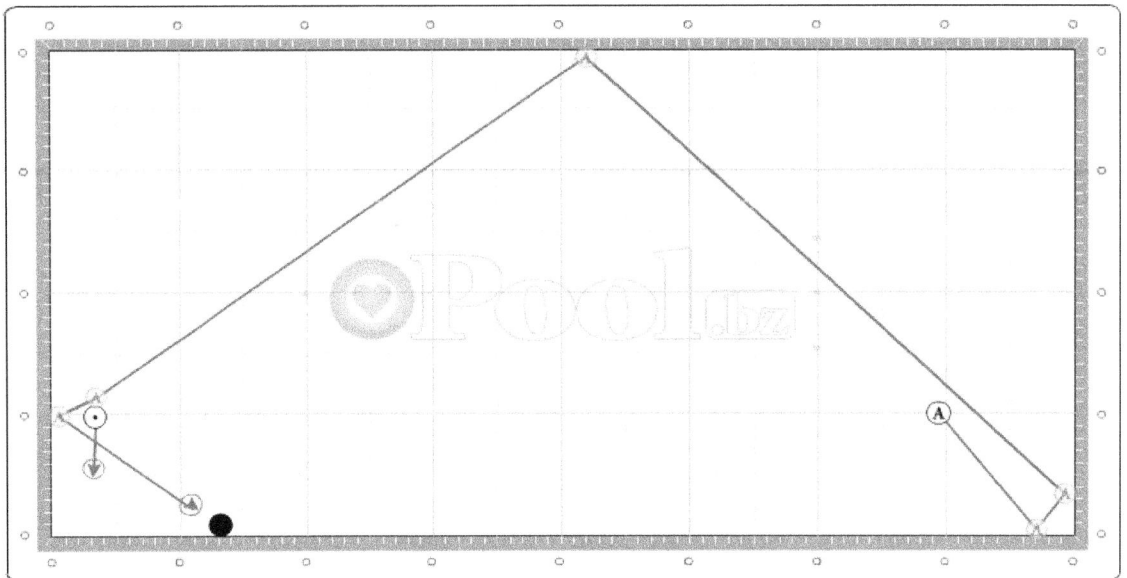

E: Groep 3

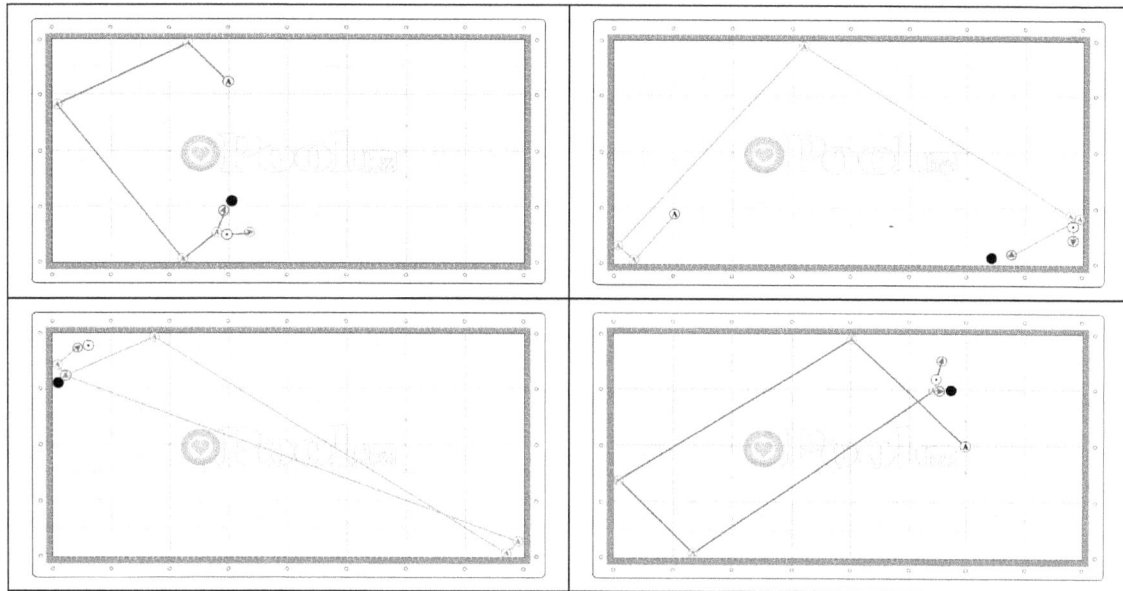

Analyse:

E:3a. _____

E:3b. _____

E:3c. _____

E:3d. _____

E:3a – Opstelling

Opmerkingen en ideeën:

Schotpatroon

E:3b – Opstelling

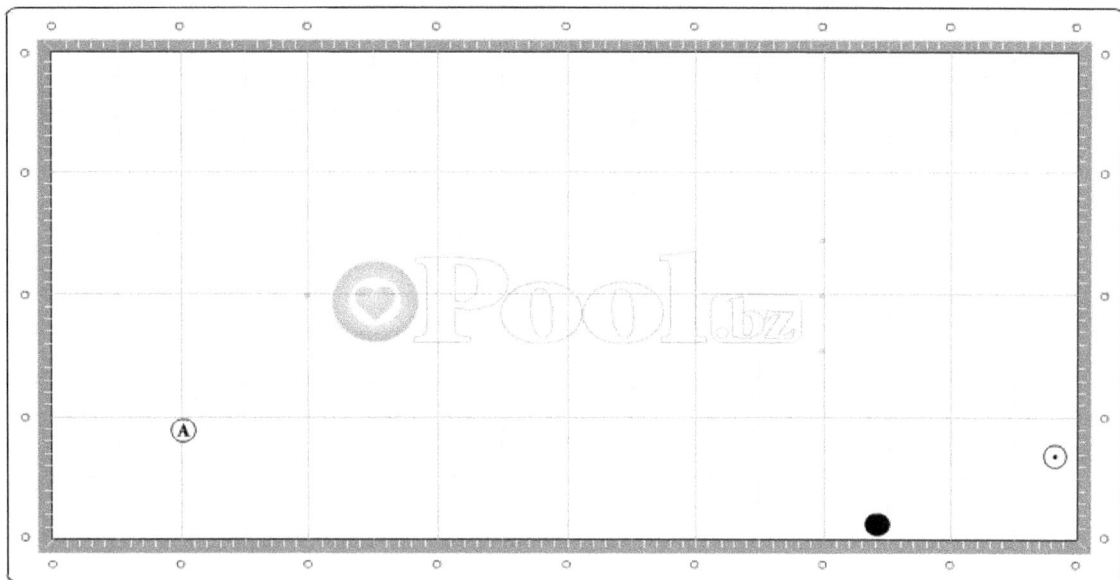

Opmerkingen en ideeën:

Schotpatroon

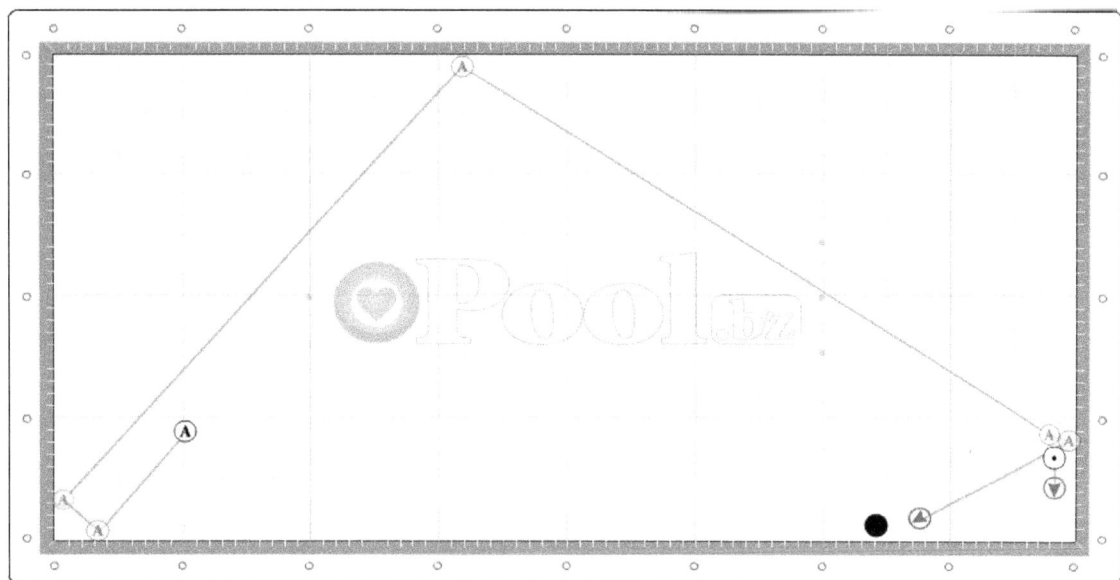

E:3c – Opstelling

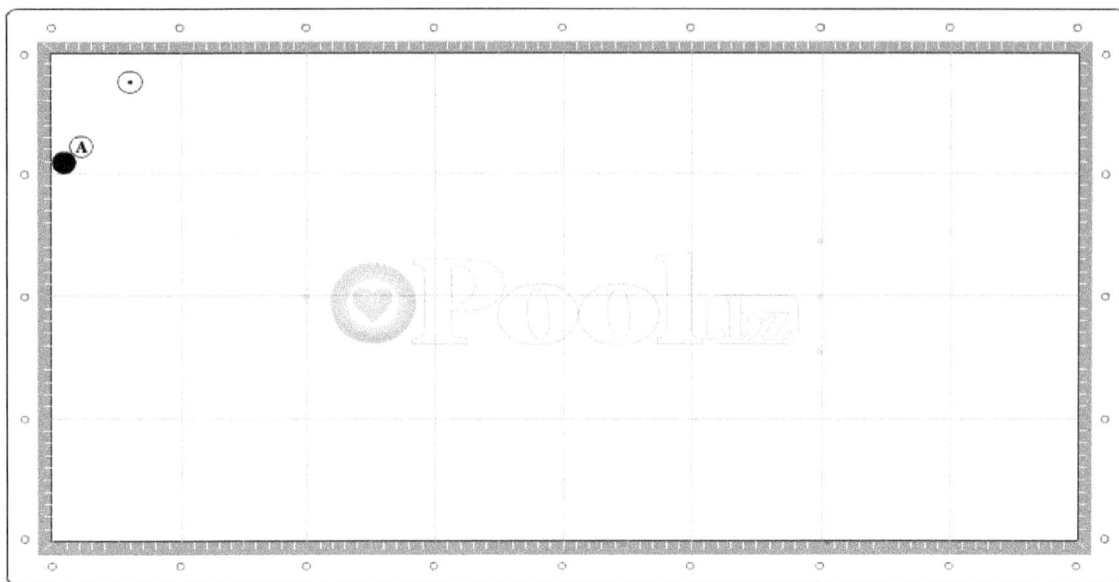

Opmerkingen en ideeën:

Schotpatroon

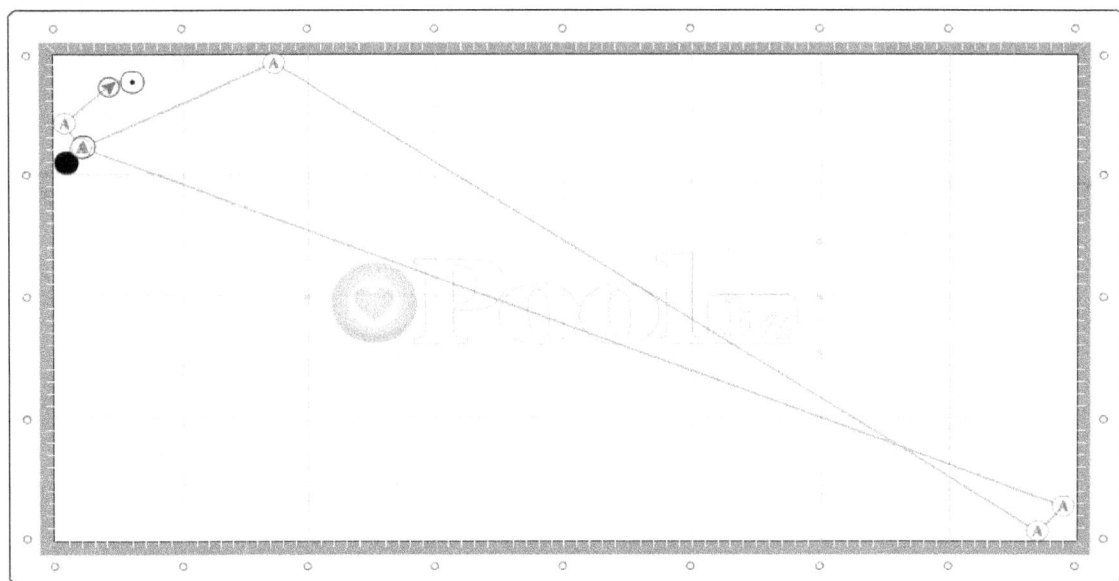

E:3d – Opstelling

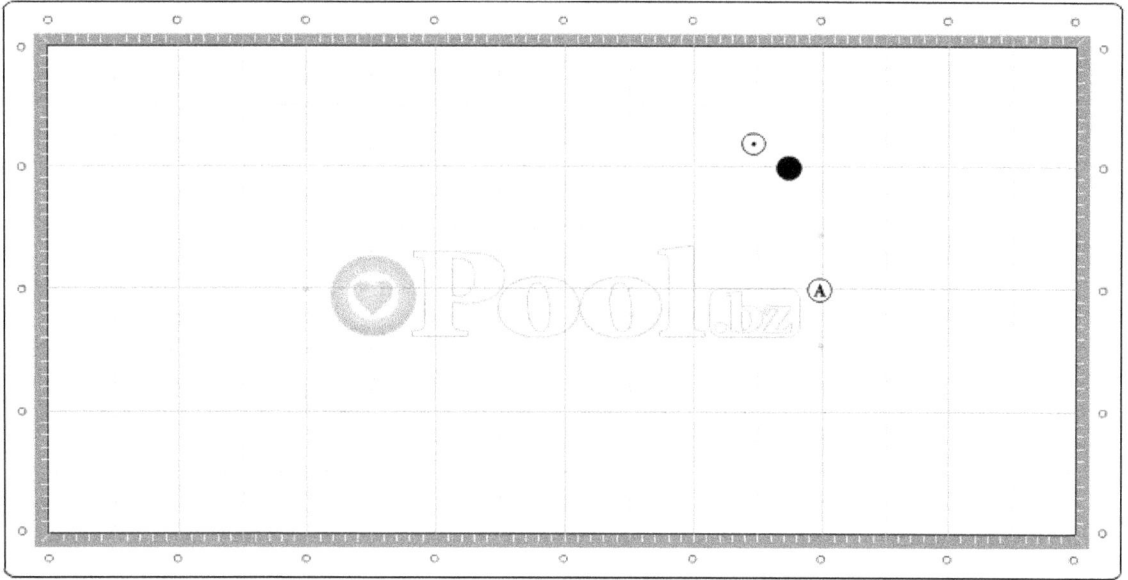

Opmerkingen en ideeën:

Schotpatroon

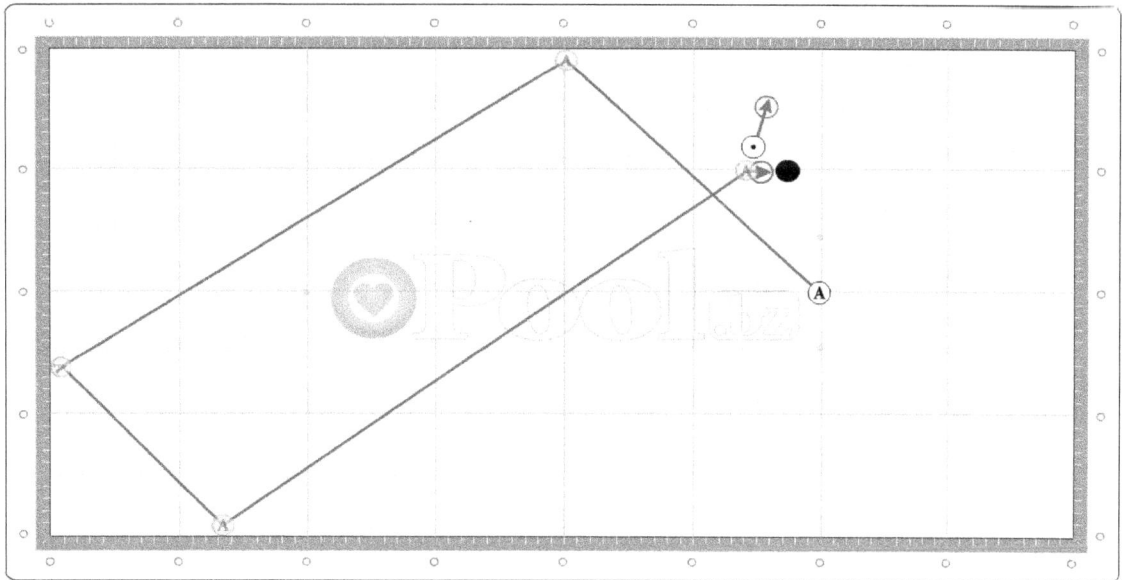

E: Groep 4

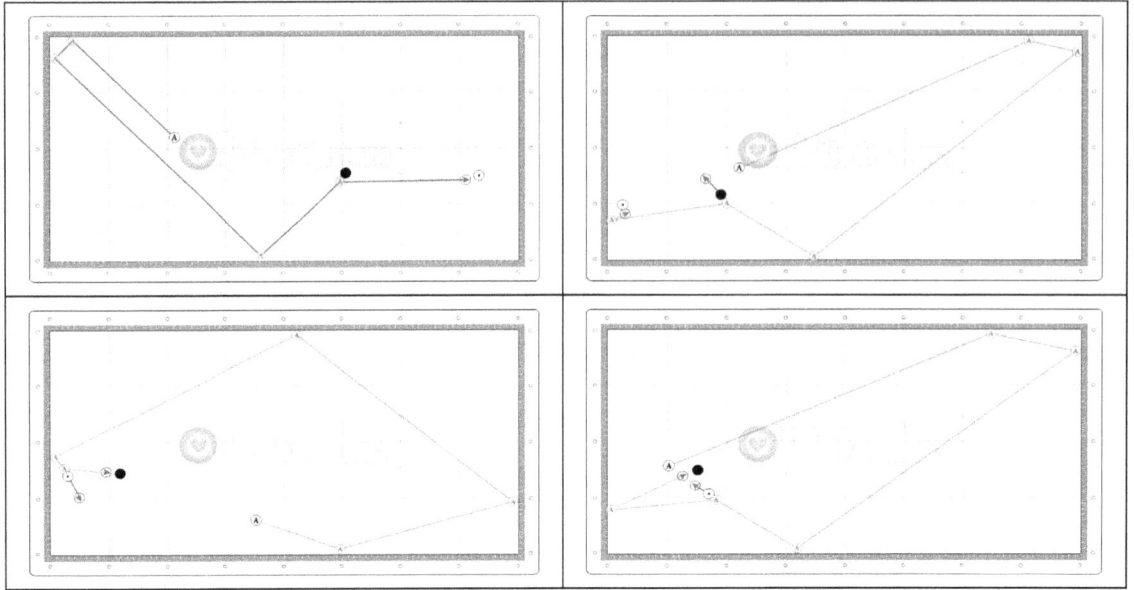

Analyse:

E:4a. _____

E:4b. _____

E:4c. _____

E:4d. _____

E:4a – Opstelling

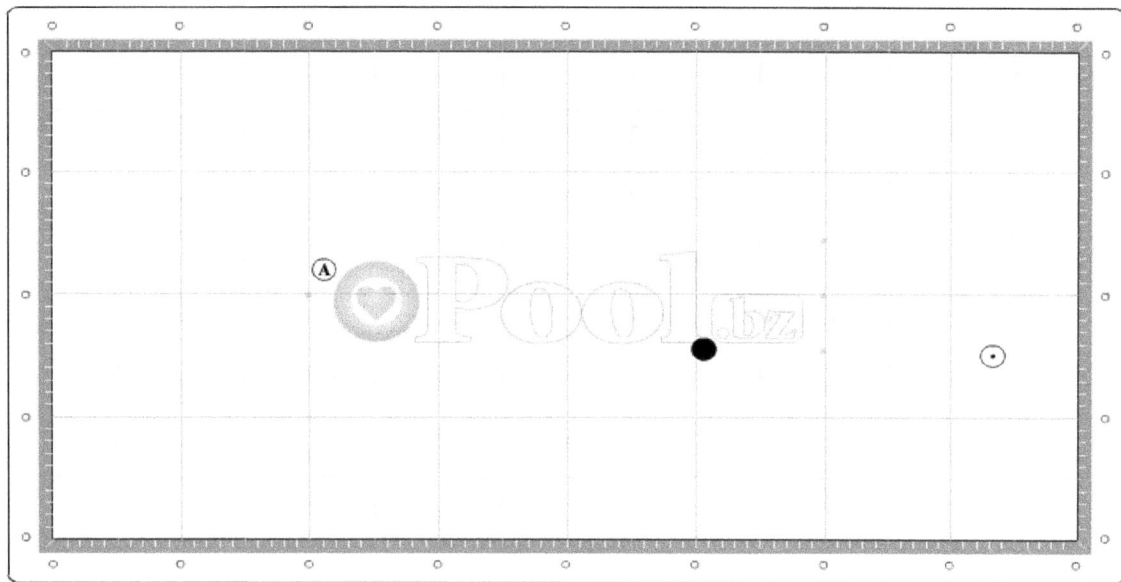

Opmerkingen en ideeën:

Schotpatroon

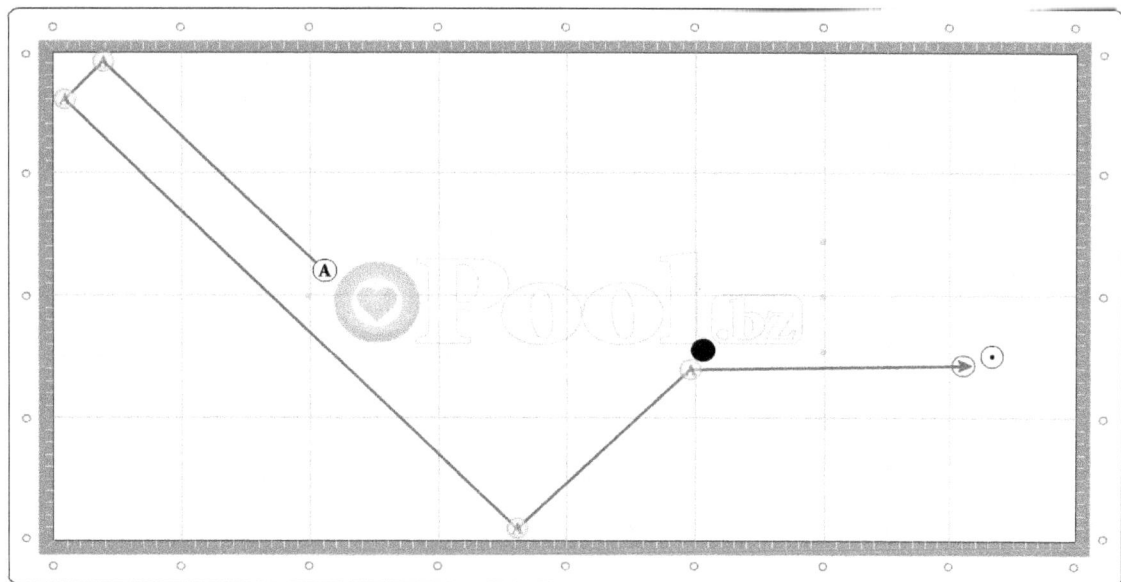

E:4b – Opstelling

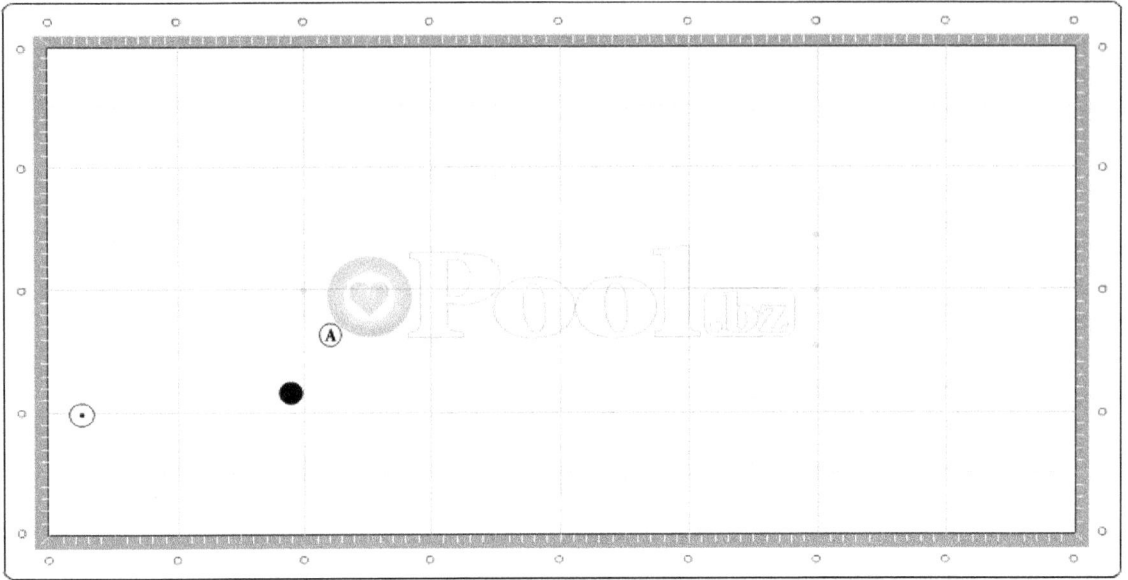

Opmerkingen en ideeën:

Schotpatroon

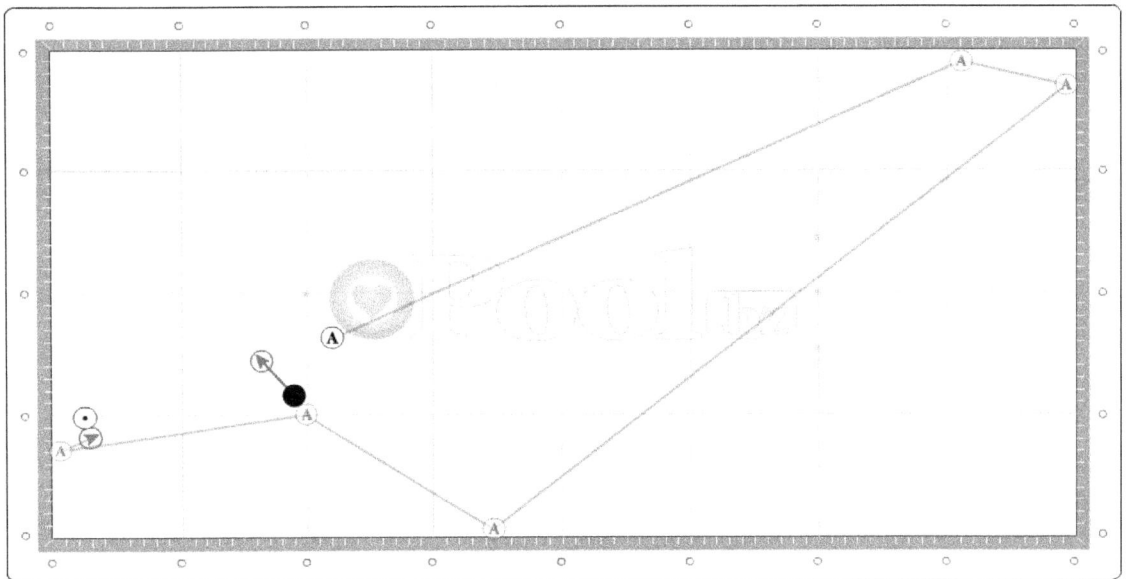

E:4c – Opstelling

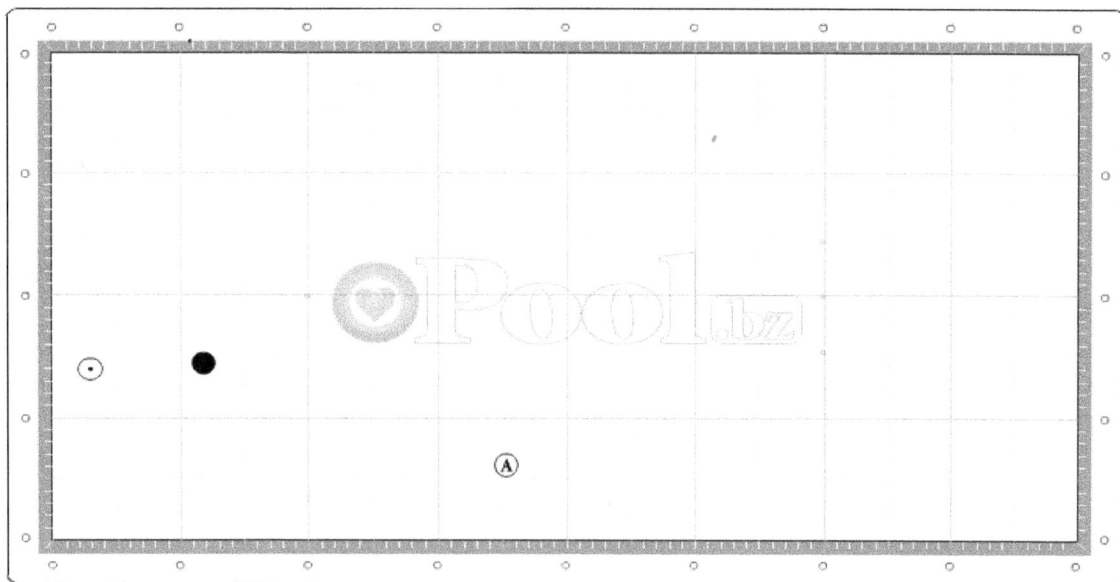

Opmerkingen en ideeën:

Schotpatroon

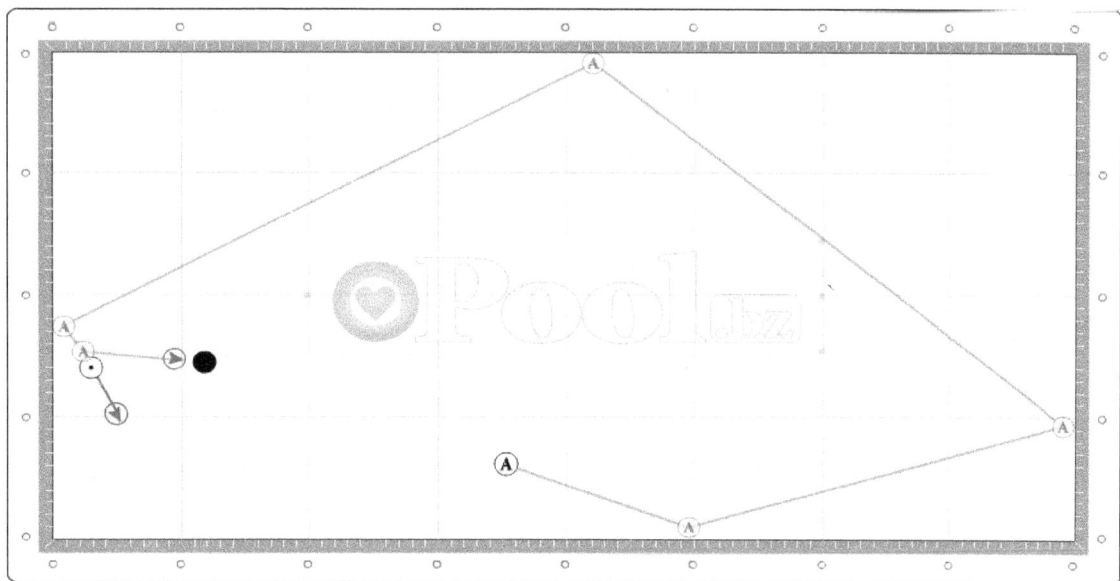

E:4d – Opstelling

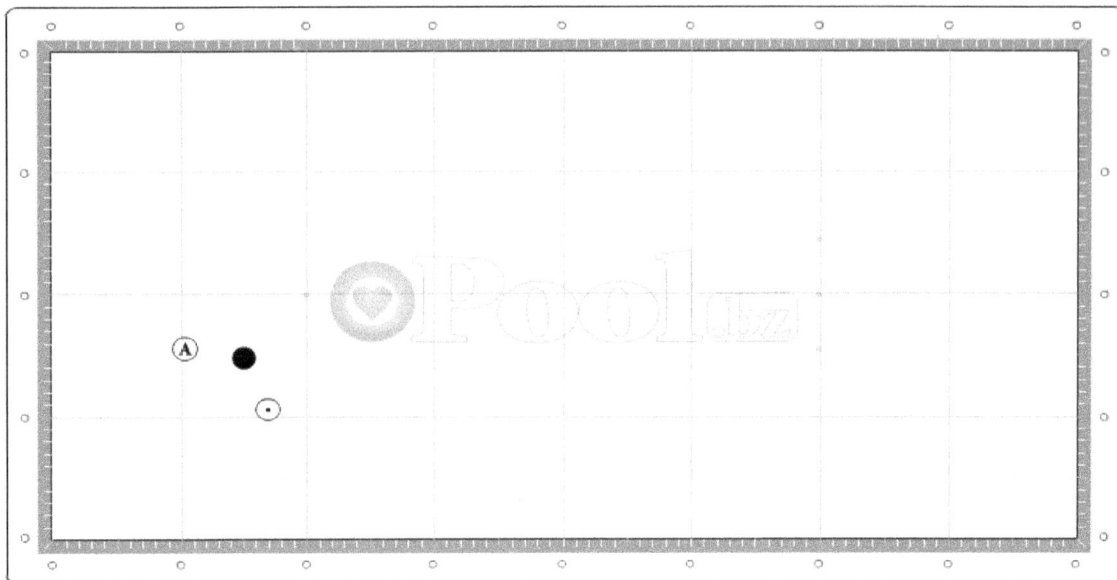

Opmerkingen en ideeën:

Schotpatroon

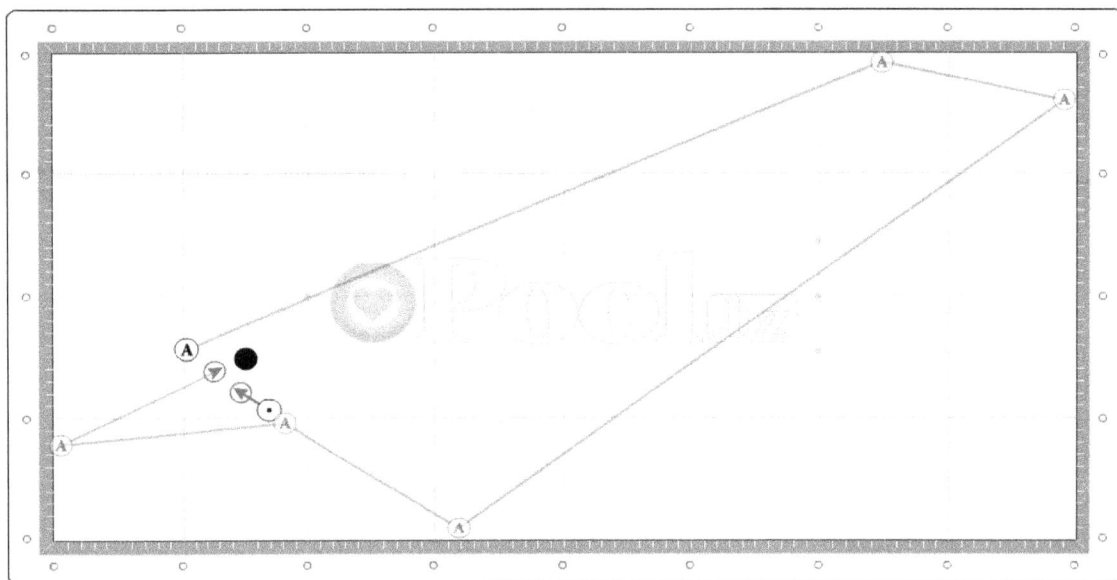

E: Groep 5

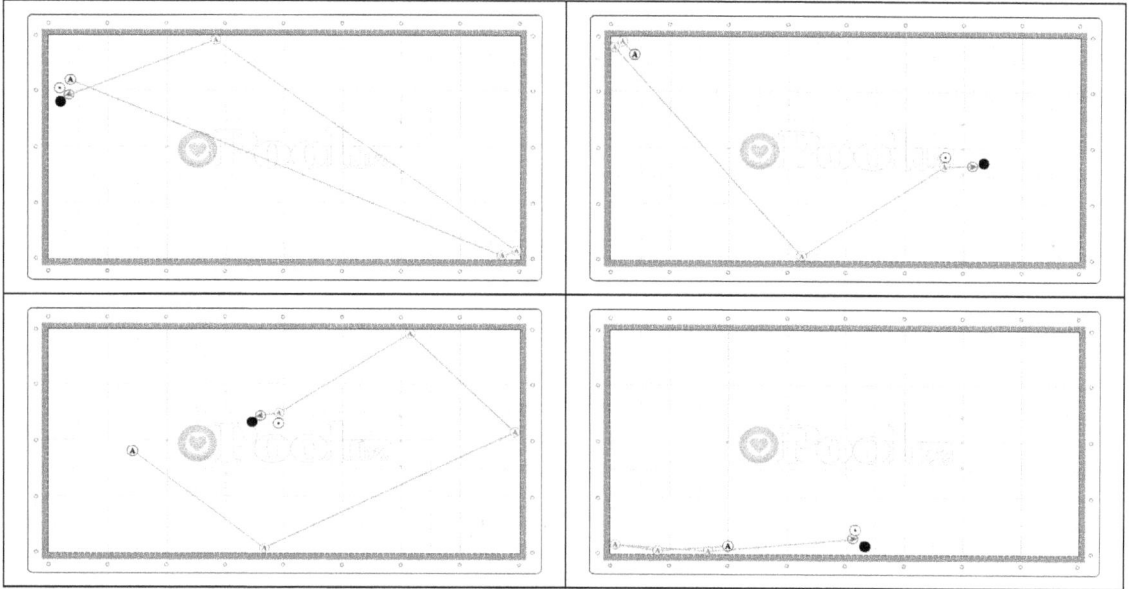

Analyse:

E:5a. _____

E:5b. _____

E:5c. _____

E:5d. _____

E:5a – Opstelling

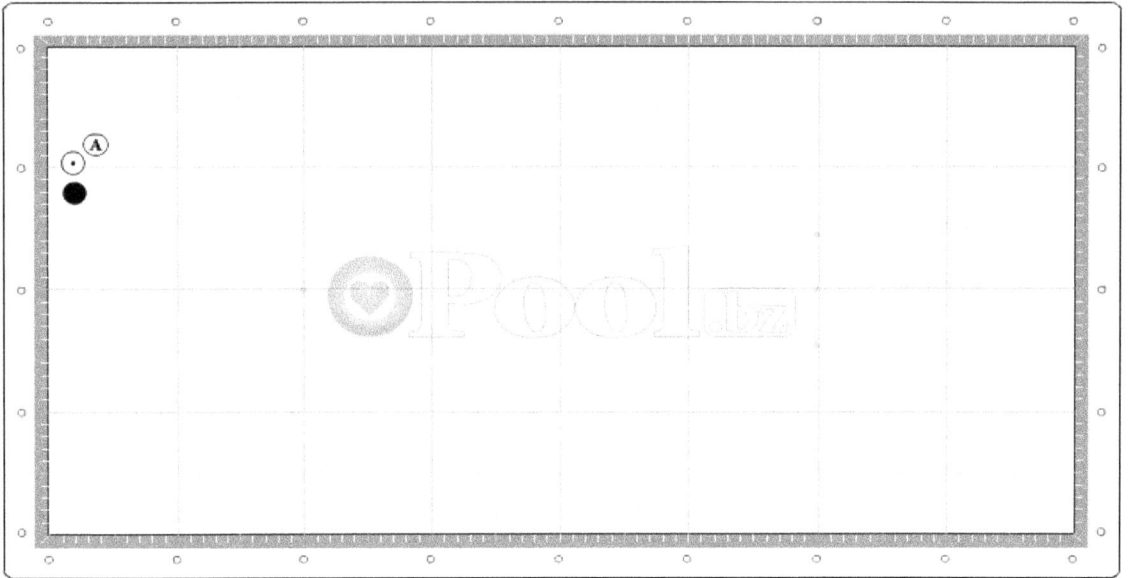

Opmerkingen en ideeën:

Schotpatroon

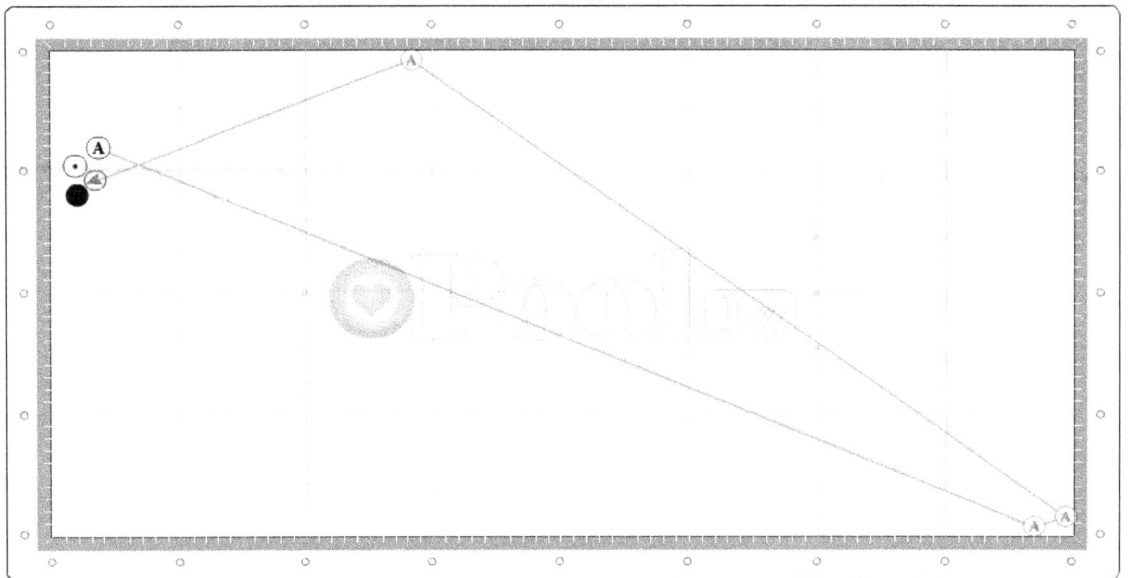

E:5b – Opstelling

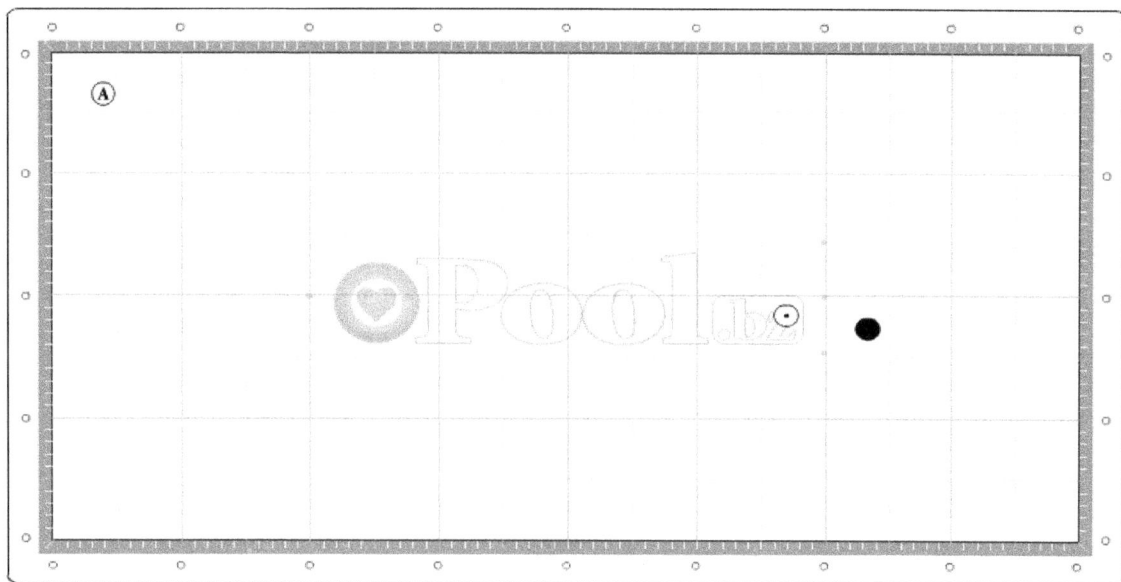

Opmerkingen en ideeën:

Schotpatroon

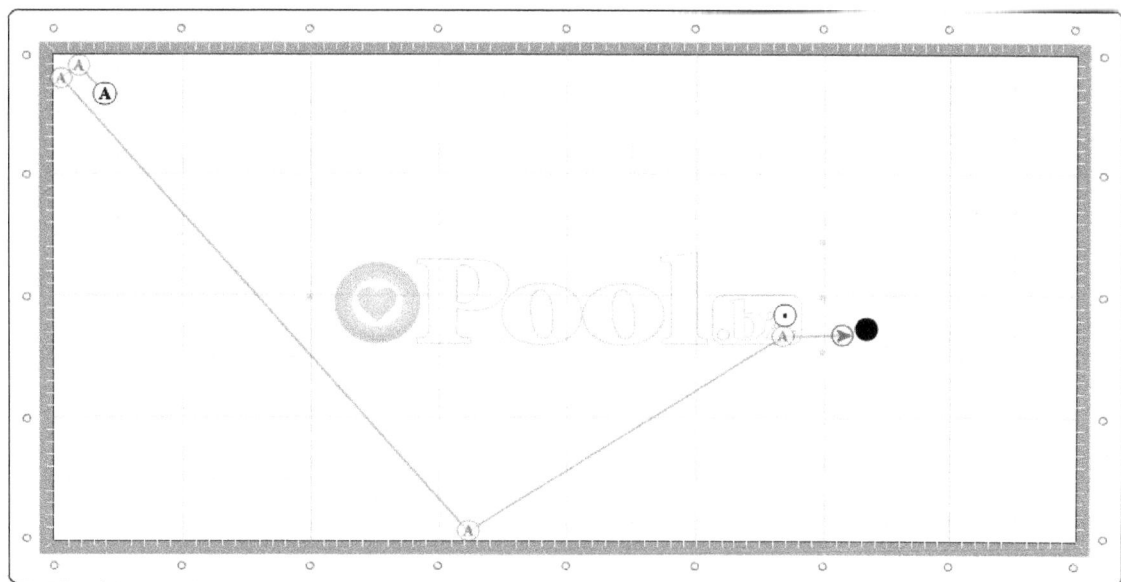

E:5c – Opstelling

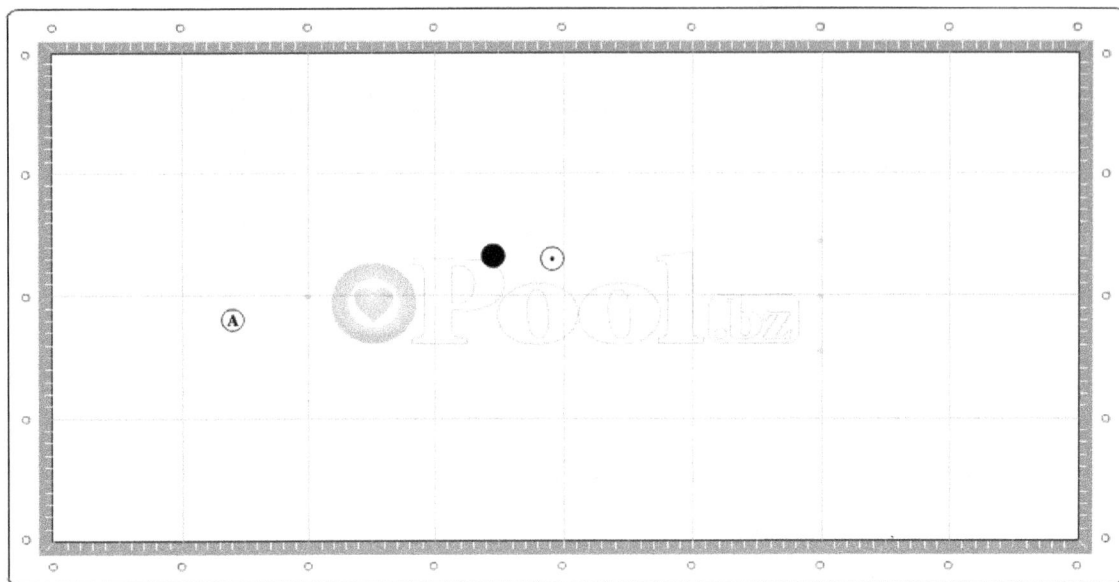

Opmerkingen en ideeën:

Schotpatroon

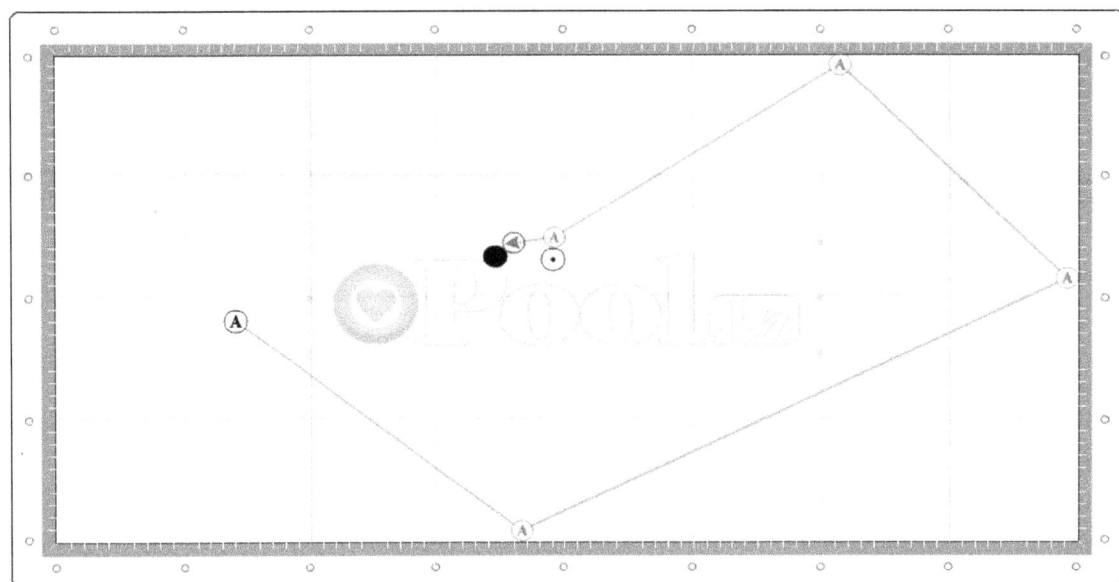

E:5d – Opstelling

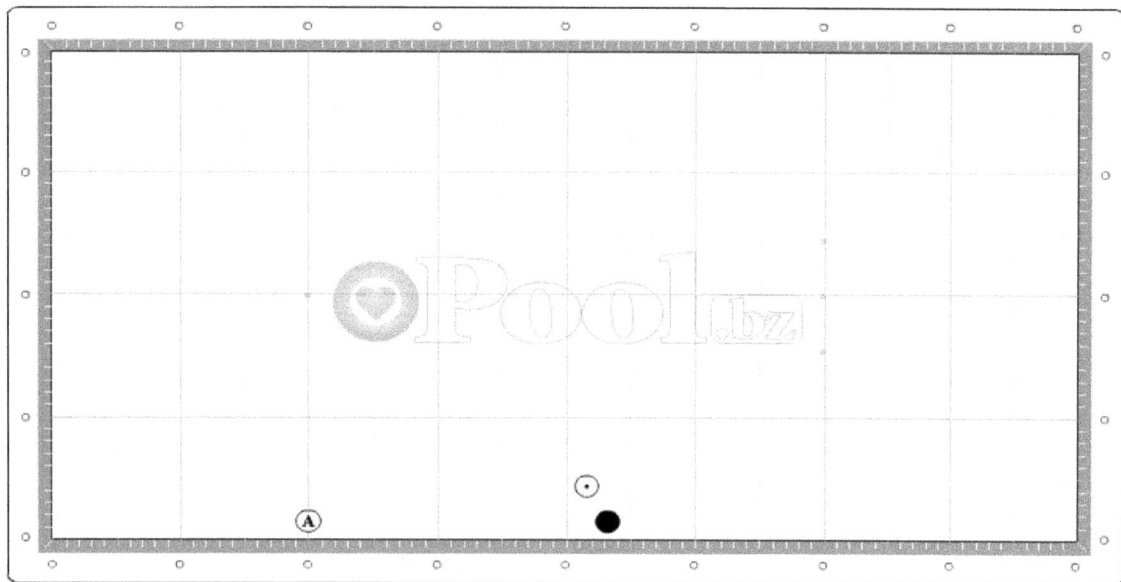

Opmerkingen en ideeën:

Schotpatroon

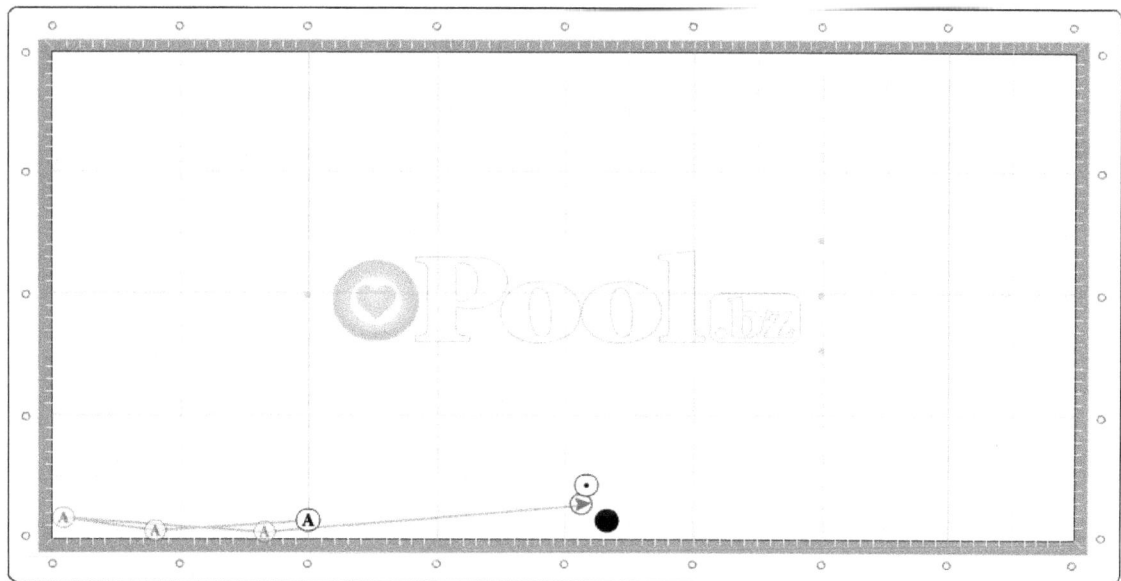

E: Groep 6

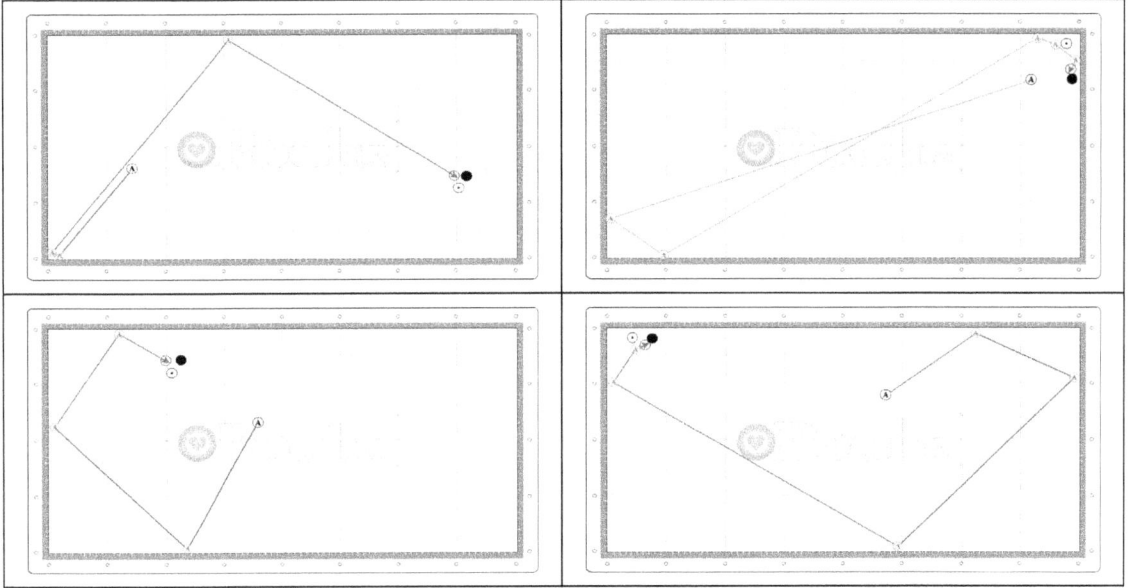

Analyse:

E:6a. _____

E:6b. _____

E:6c. _____

E:6d. _____

E:6a – Opstelling

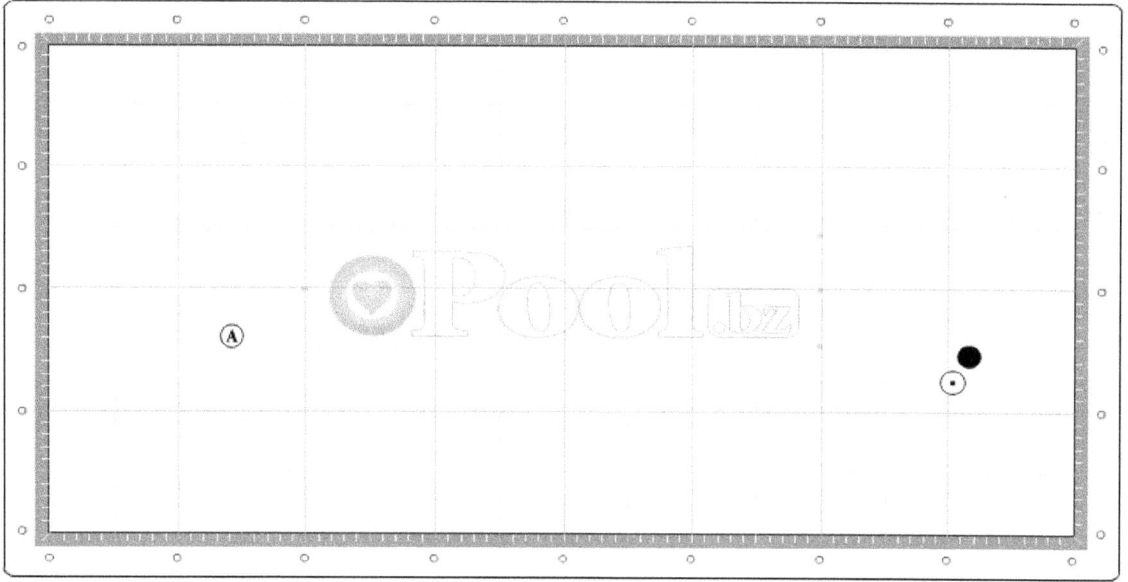

Opmerkingen en ideeën:

Schotpatroon

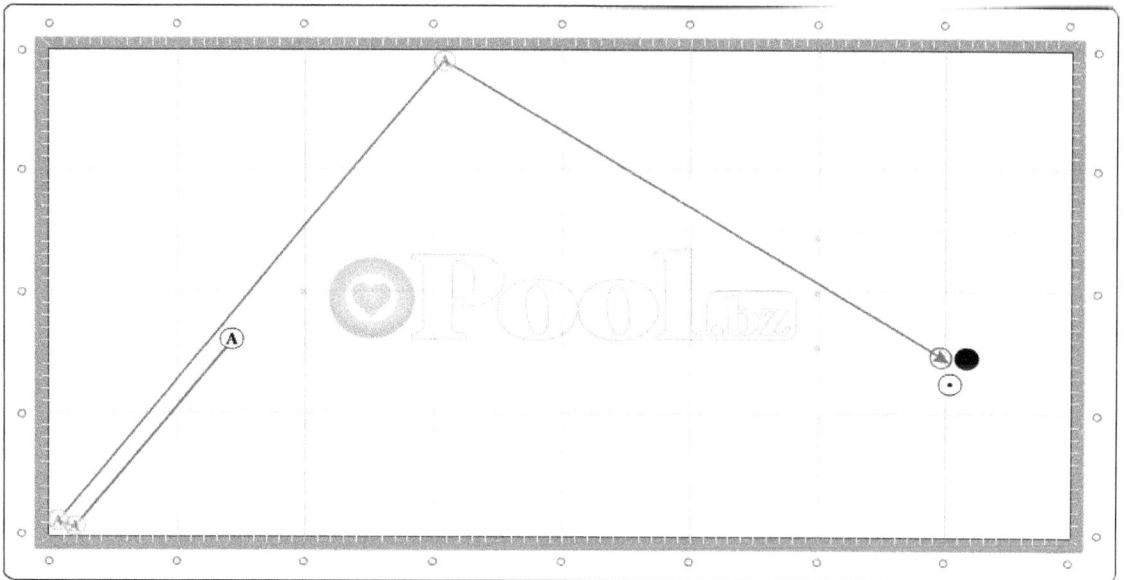

E:6b – Opstelling

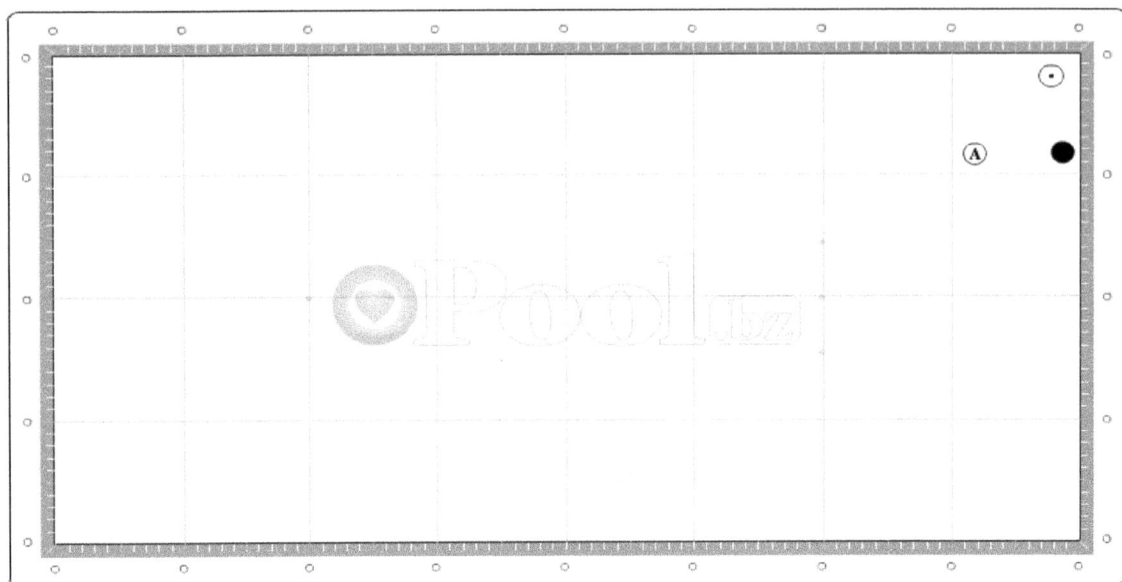

Opmerkingen en ideeën:

Schotpatroon

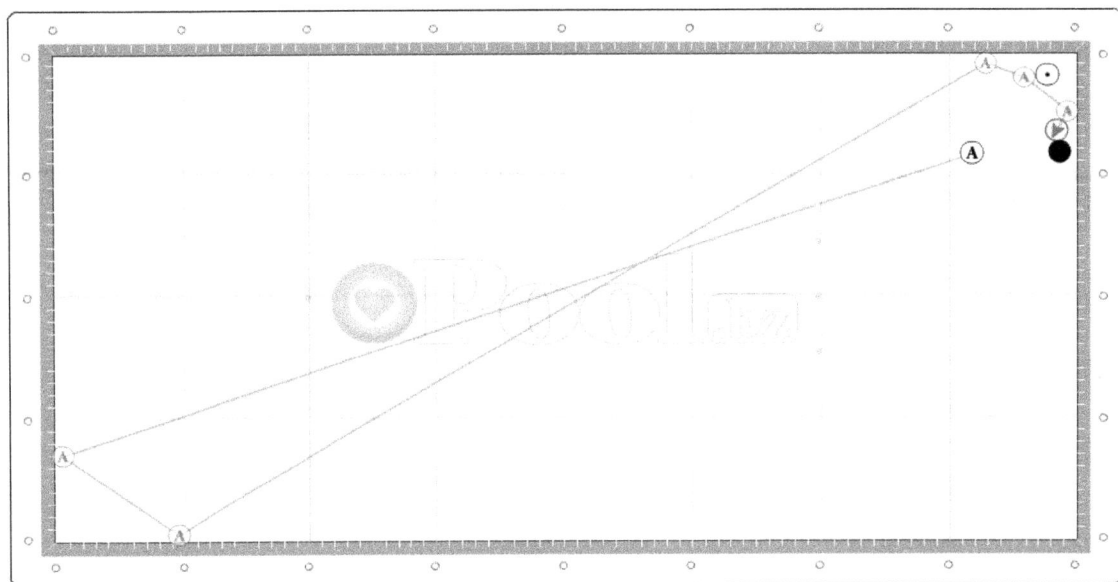

E:6c – Opstelling

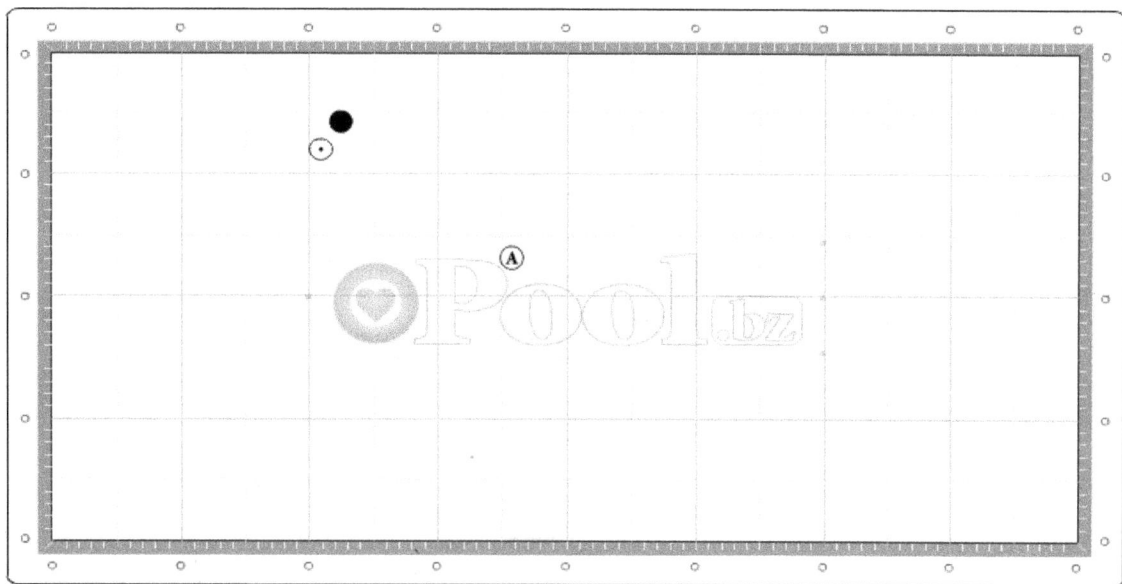

Opmerkingen en ideeën:

Schotpatroon

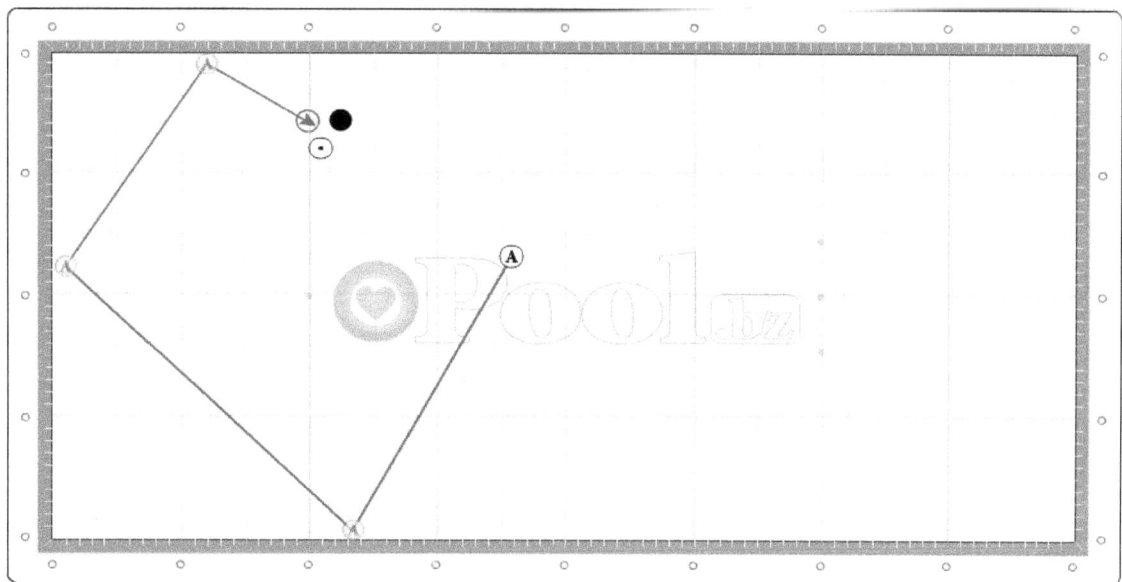

E:6d – Opstelling

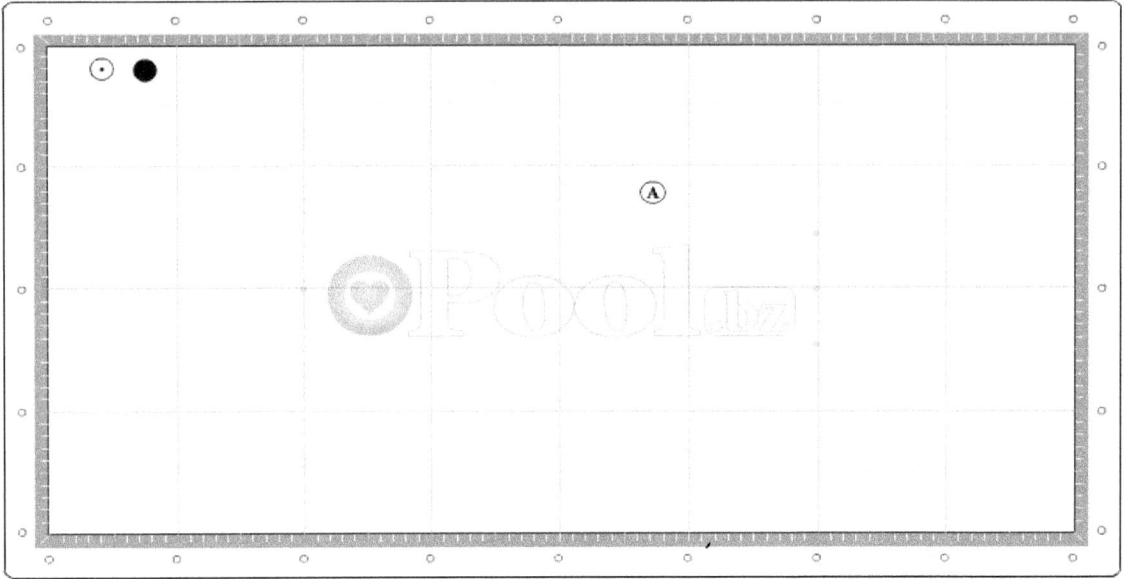

Opmerkingen en ideeën:

Schotpatroon

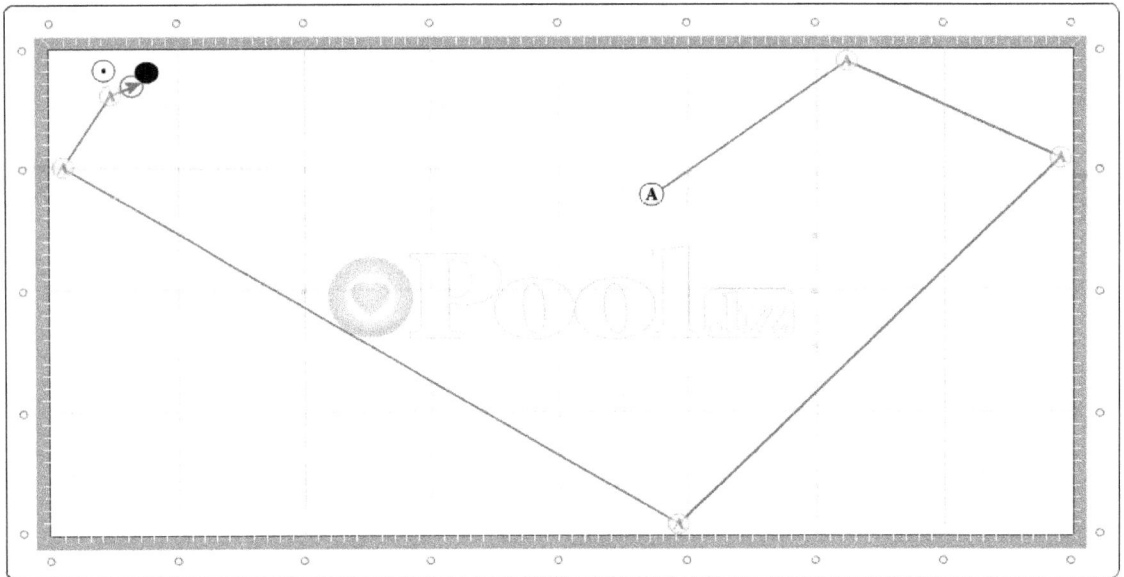

F: 4+ biljartbandeneerst

De sh0oter stuurt de (CB) naar vier (of meer) biljartbanden voordat de (CB) contact maakt met de eerste (OB). Soms zijn de extra biljartbanden toevallig.

(A) (CB) (uw biljartbal) – (·) (OB) (tegenstander biljartbal) – ● (OB) (rode biljartbal)

F: Groep 1

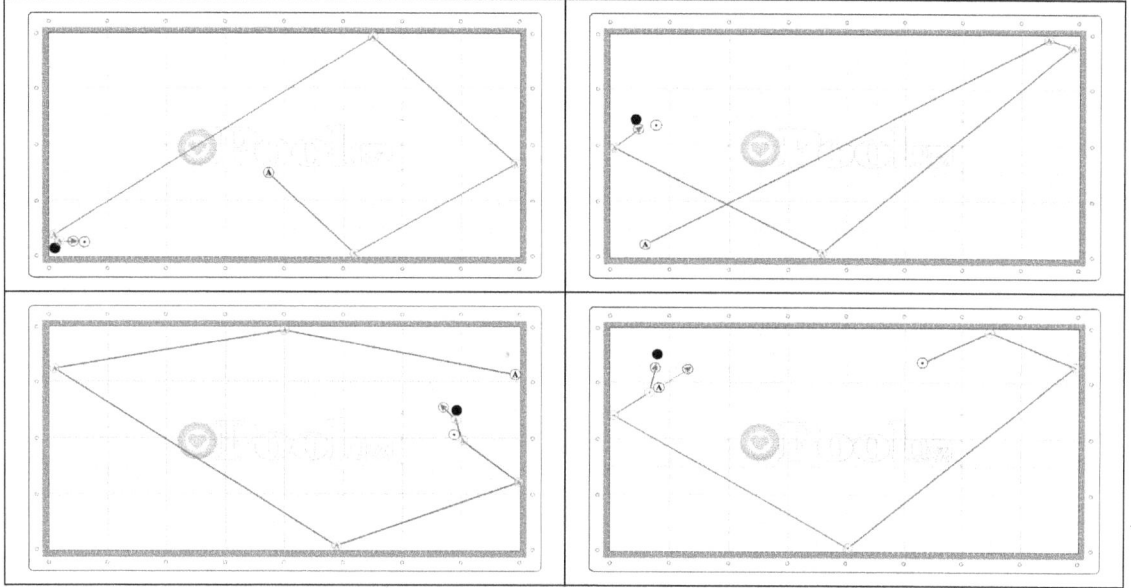

Analyse:

F:1a. _____

F:1b. _____

F:1c. _____

F:1d. _____

F:1a – Opstelling

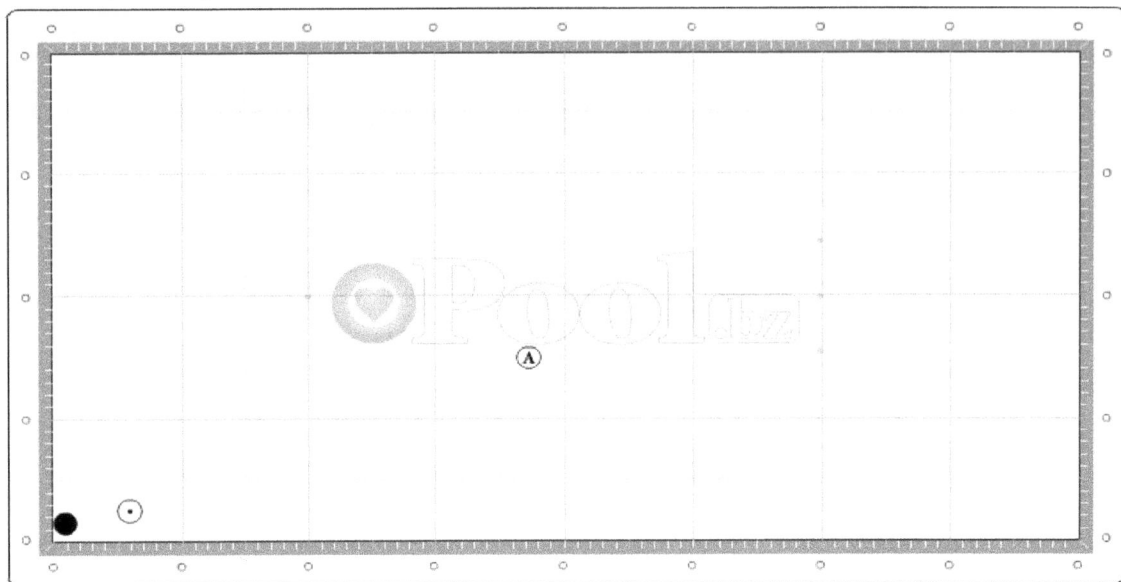

Opmerkingen en ideeën:

Schotpatroon (4 banden)

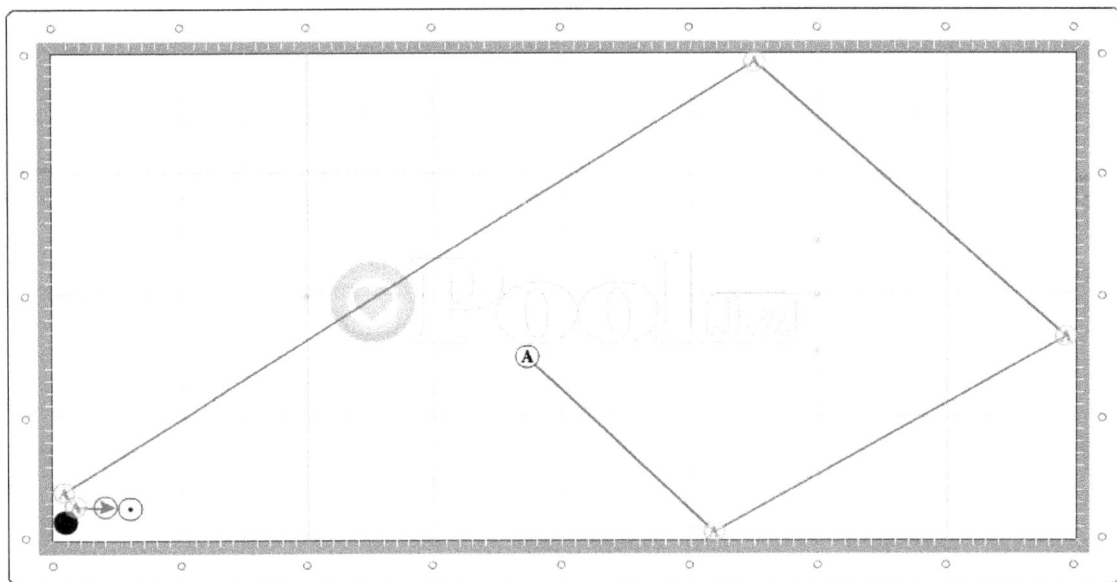

F:1b – Opstelling

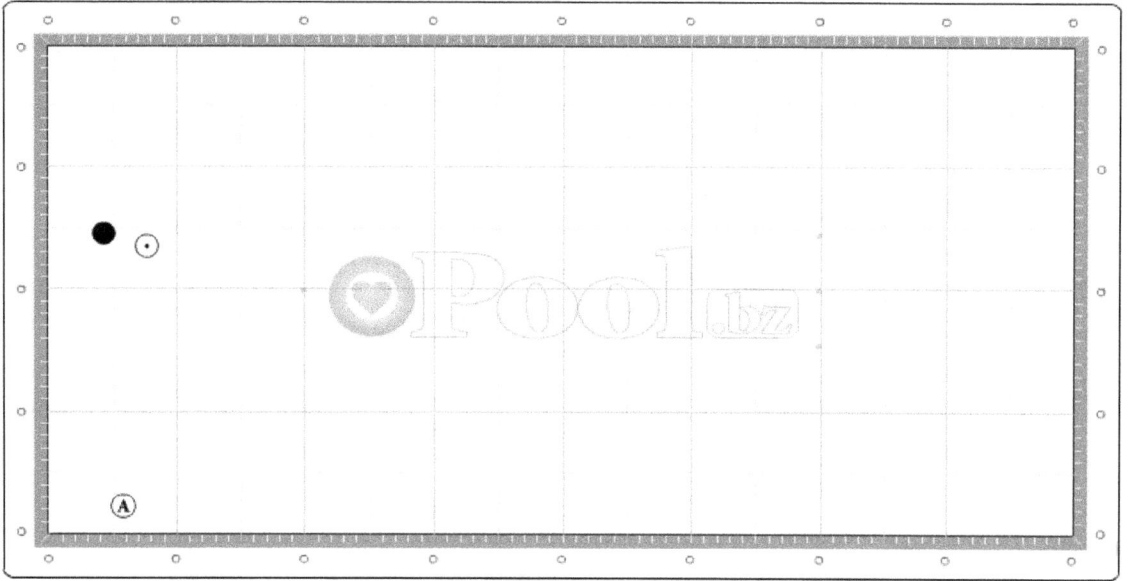

Opmerkingen en ideeën:

Schotpatroon (4 banden)

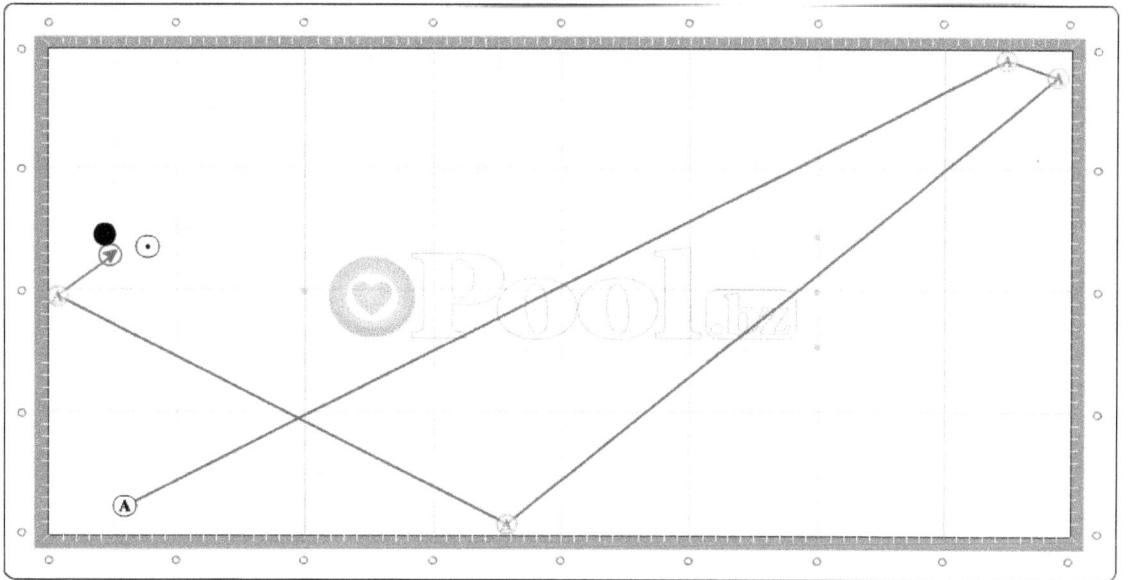

F:1c – Opstelling

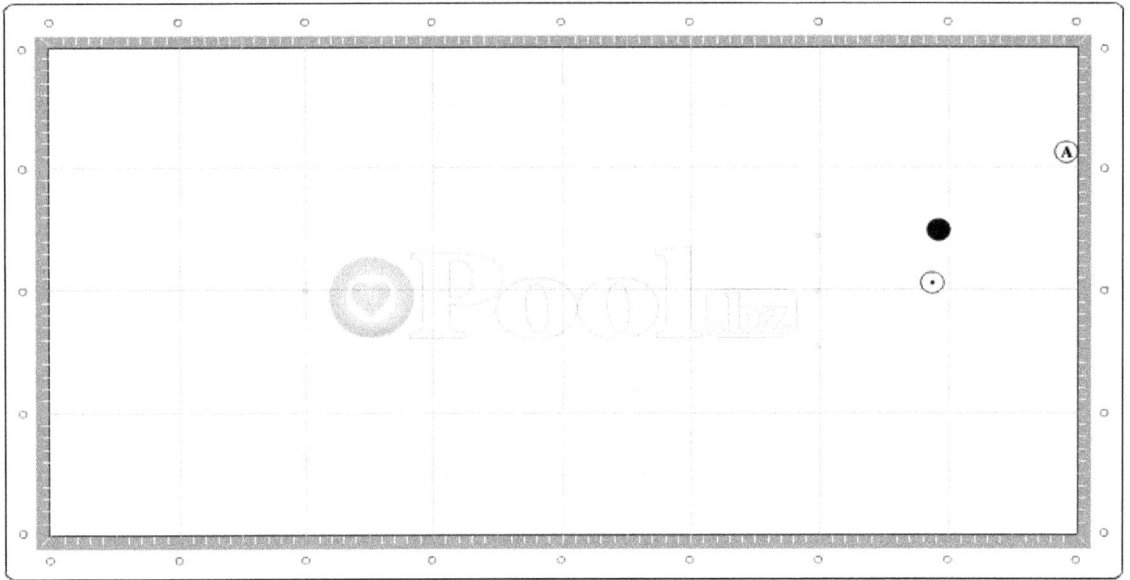

Opmerkingen en ideeën:

Schotpatroon (4 banden)

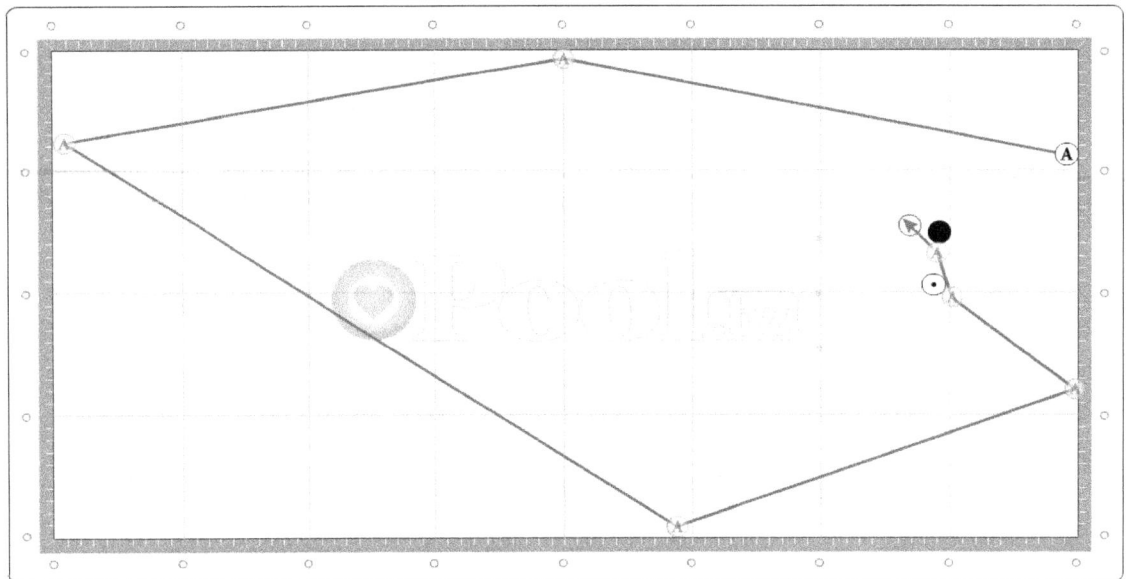

F1d – Opstelling

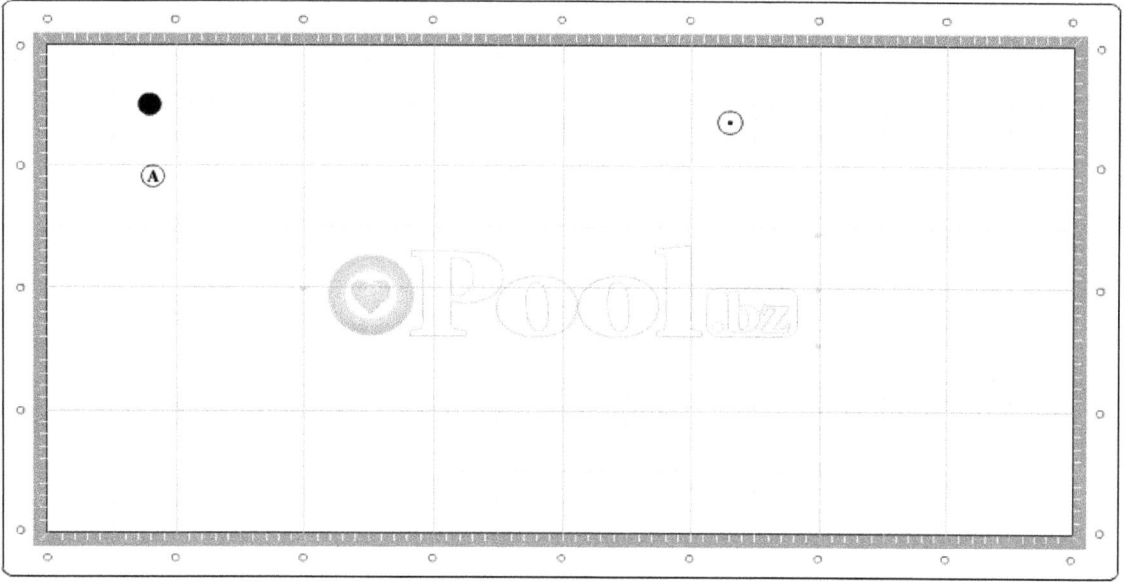

Opmerkingen en ideeën:

Schotpatroon (4 banden)

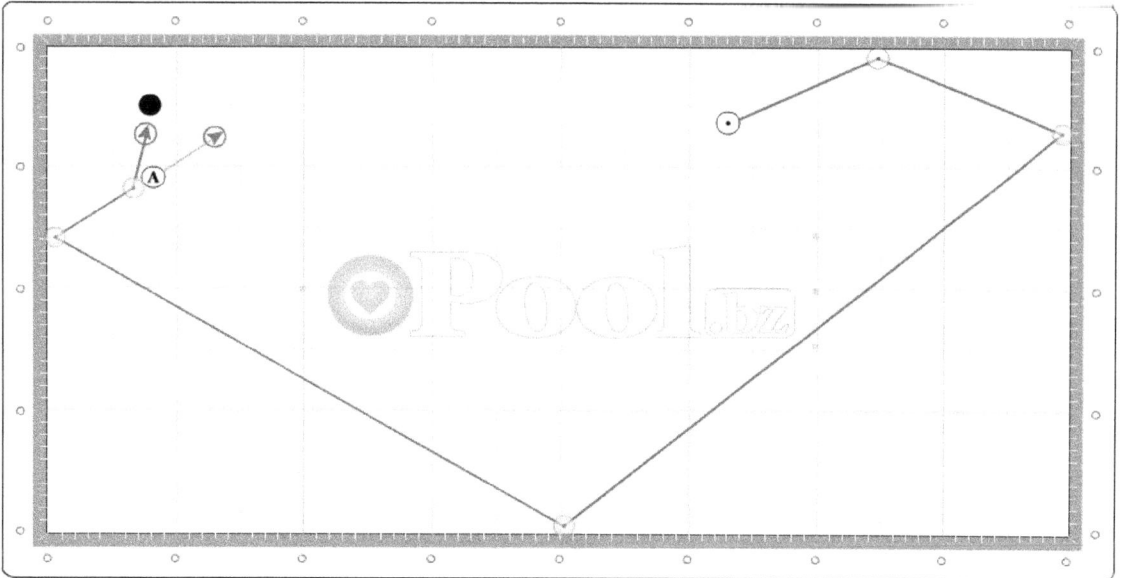

F: Groep 2

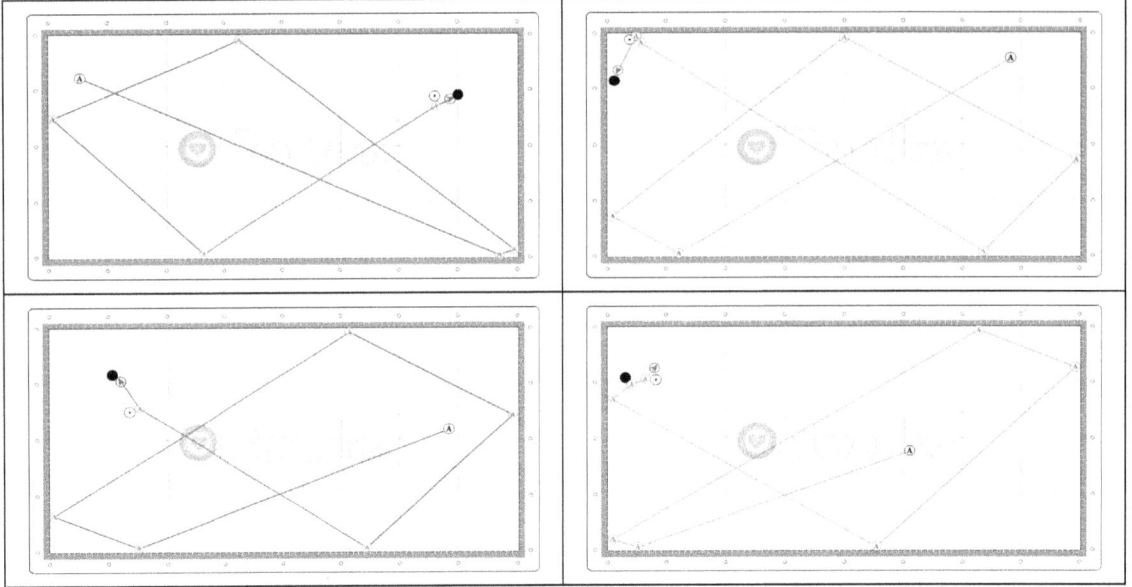

Analyse:

F:2a. _____

F:2b. _____

F:2c. _____

F:2d. _____

F:2a – Opstelling

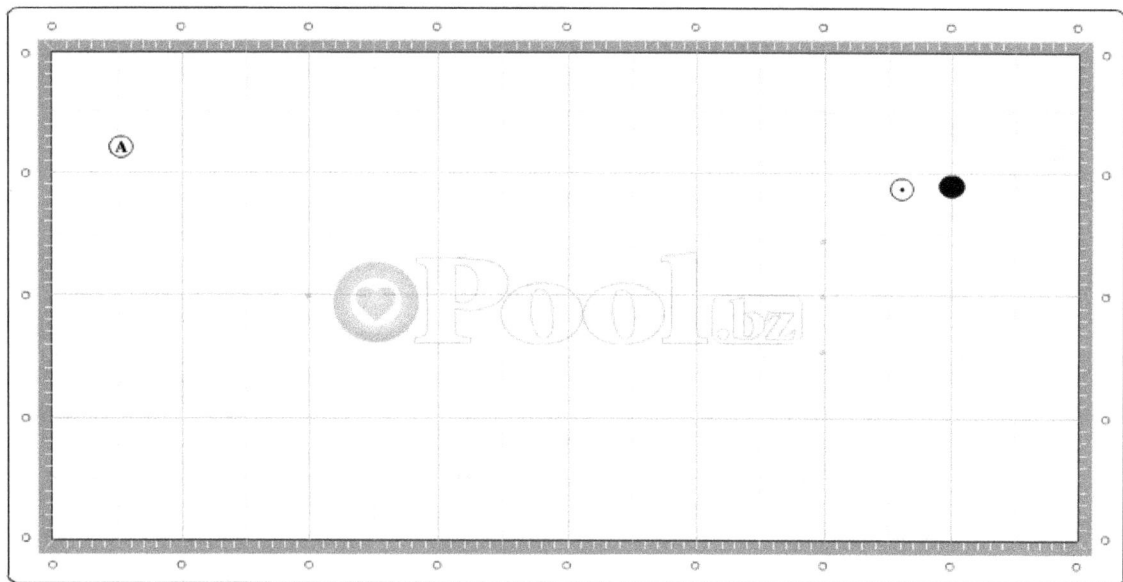

Opmerkingen en ideeën:

Schotpatroon (5 banden)

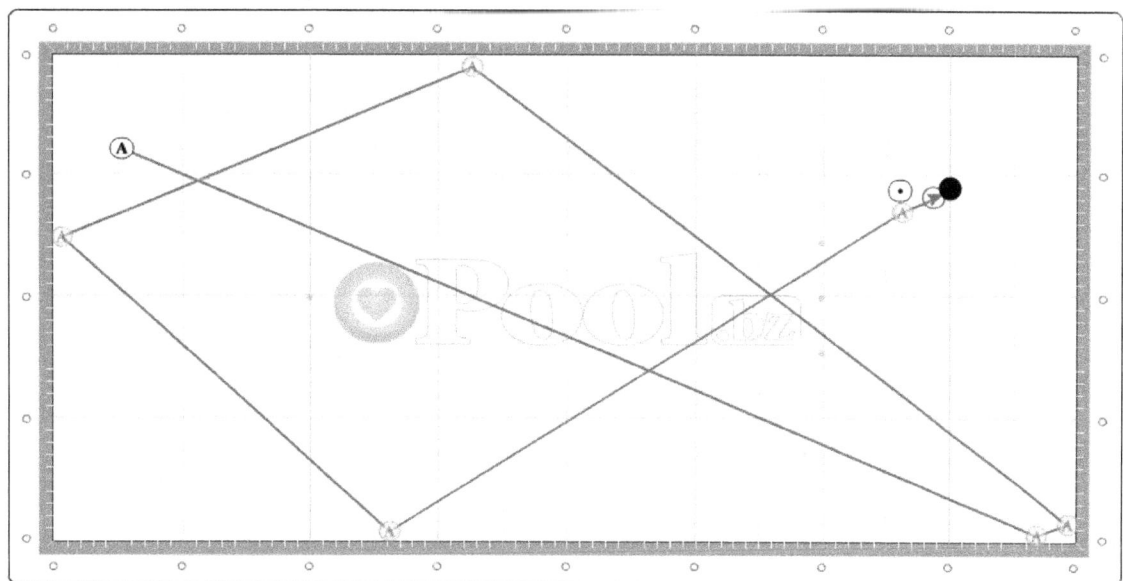

F:2b – Opstelling

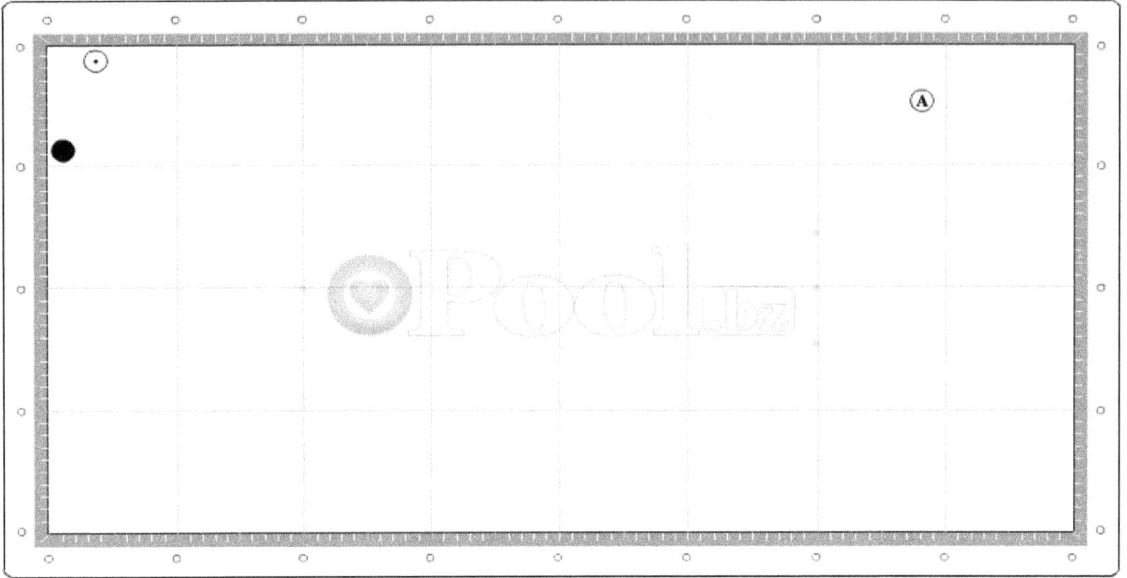

Opmerkingen en ideeën:

Schotpatroon (5 banden)

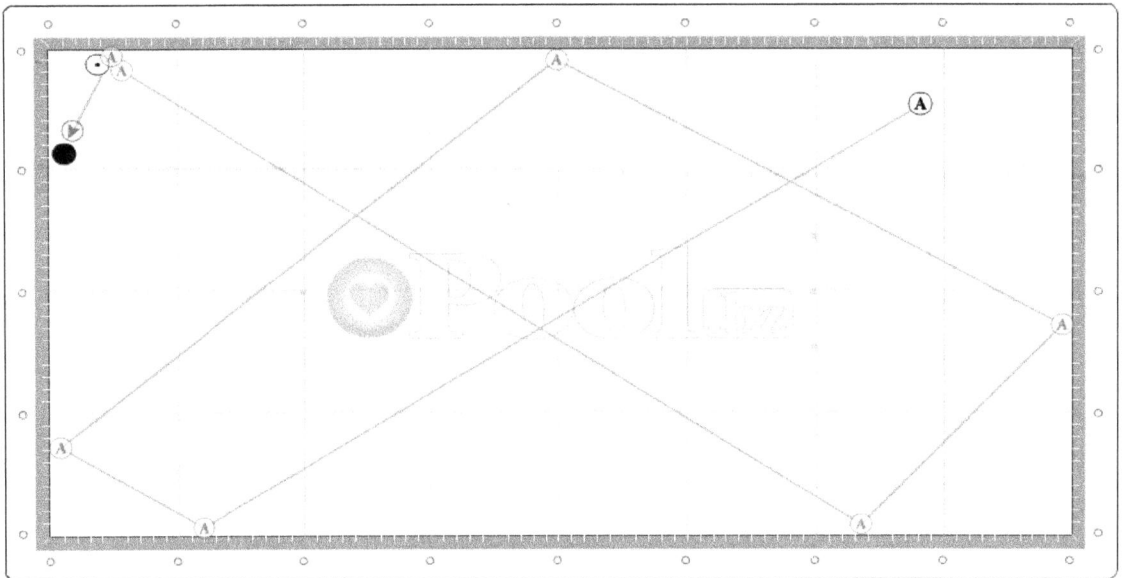

F:2c – Opstelling

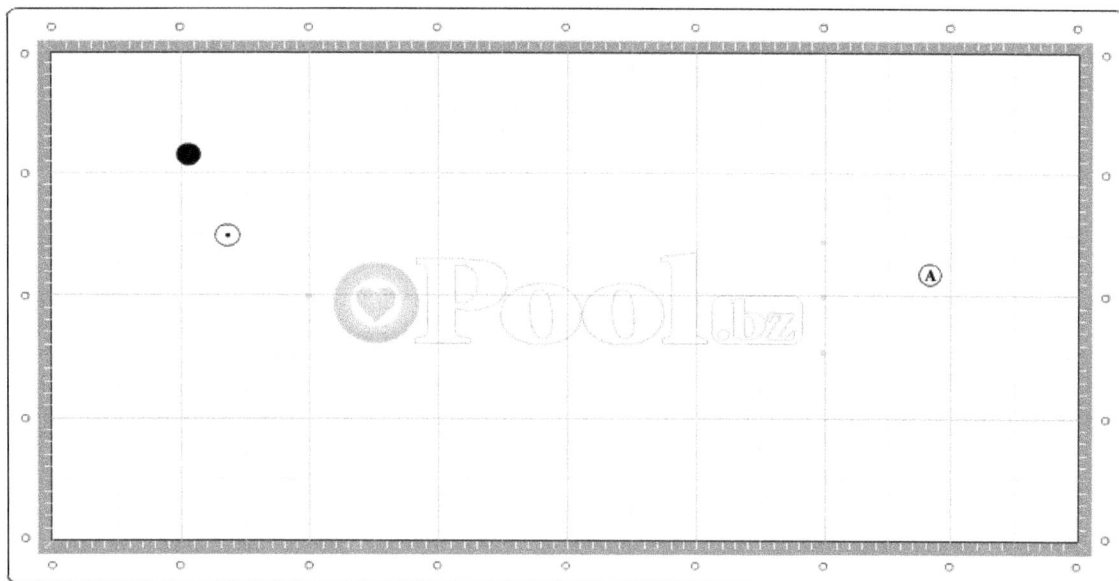

Opmerkingen en ideeën:

Schotpatroon (5 banden)

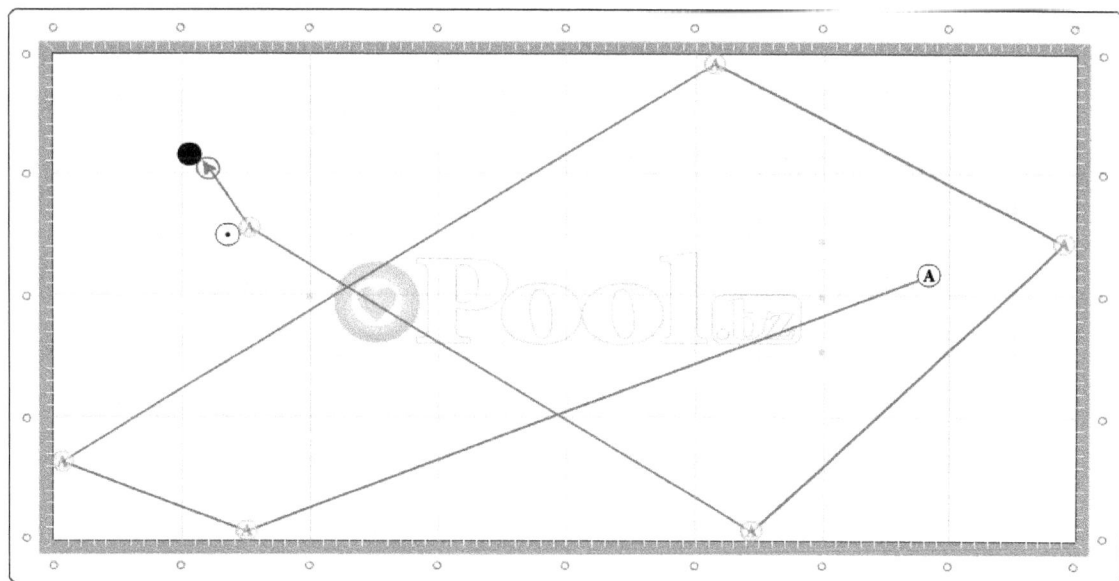

111

F:2d – Opstelling

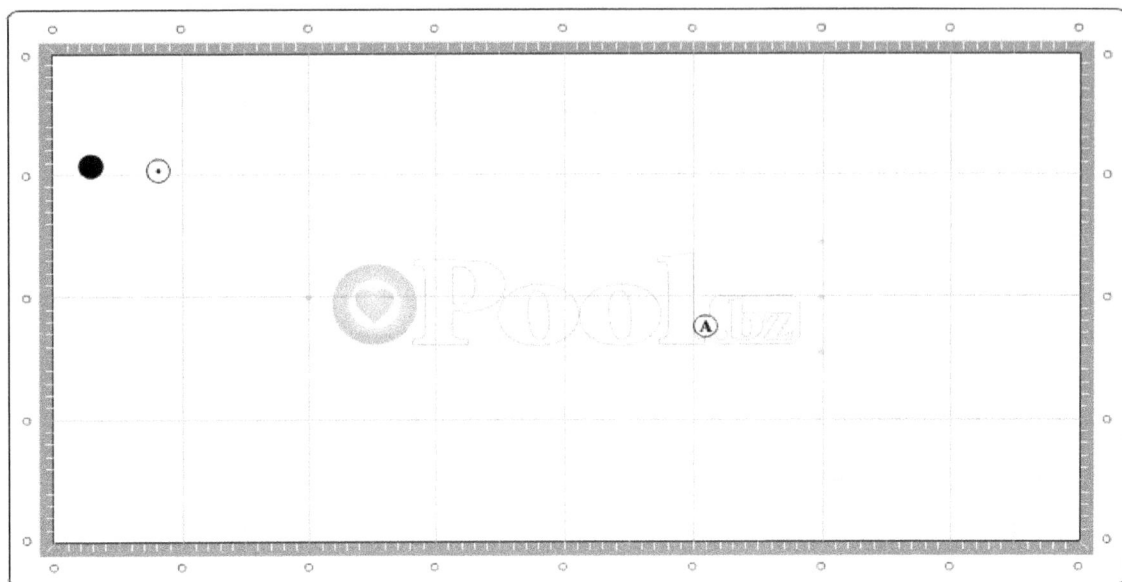

Opmerkingen en ideeën:

Schotpatroon (6 banden)

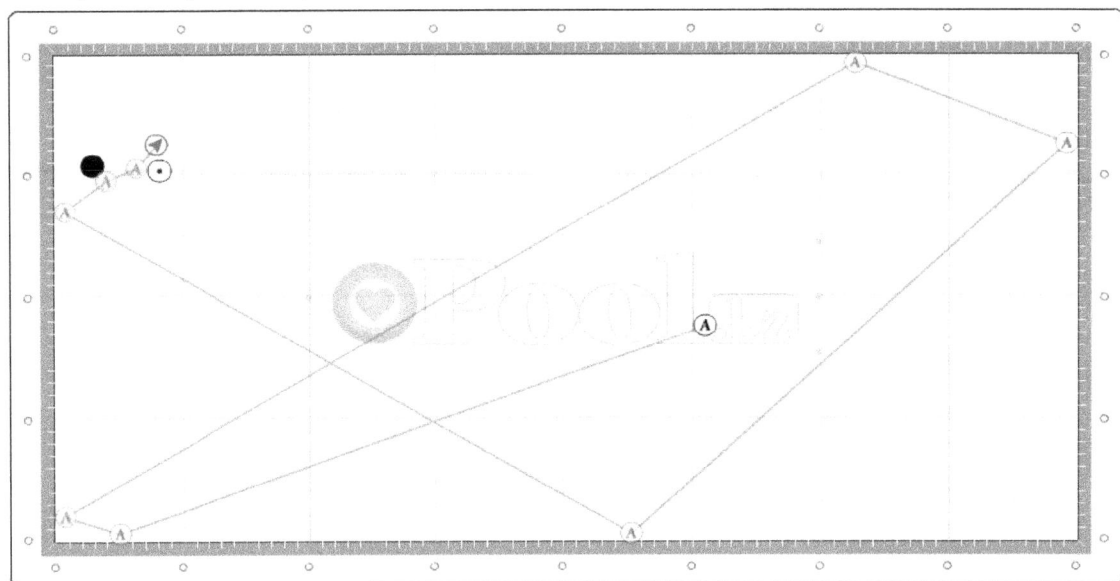

www.ingramcontent.com/pod-product-compliance
Lightning Source LLC
Chambersburg PA
CBHW062048090426
42740CB00016B/3061